Das große Lesebuch der Heiligenlegenden

Neu erzählt von Marlene Fritsch
Illustriert von Elli Bruder

Überarbeitete Neuausgabe des erstmals 2012 im Patmos Verlag unter dem Titel „Von ängstlichen Drachen, halben Mänteln und zahmen Wölfen“ erschienenen Buches

Gesamtherstellung: Paulinus Verlag GmbH, Trier
Umschlag- und Innenillustration: Elli Bruder
Gestaltung: segno – visuelle Kommunikation, Gusterath-Tal
Druck: repa Druck, Saarbrücken
Hergestellt in Deutschland

ISBN 978-3-7902-1974-6
www.paulinus-verlag.de

Inhalt

Wie Franziskus und der Wolf die Angst besiegten

Franziskus war auf dem Weg in die Stadt, nach Gubbio. Wie beinahe jeden Tag war er gut gelaunt und pfiff fröhlich ein Liedchen vor sich hin. Er blieb hier stehen, um an einer Blume zu schnuppern, und dort, um einer Katze über das Fell zu streicheln. Normalerweise hielt er auch immer ein Schwätzchen mit den Menschen, die ihm unterwegs begegneten, aber heute kam ihm niemand entgegen. „Komisch“, dachte er, „wo sind nur alle? Die Straßen sind ja wie ausgestorben!“

Franziskus lebte mit ein paar Brüdern unweit der Stadt in einem kleinen Kloster. Das hatte er selbst aufgebaut. Die Leute lachten manchmal heimlich über ihn. Sie fanden ihn ein bisschen komisch, weil er immer so fröhlich durch die Straßen ging, obwohl er arm war wie eine Kirchenmaus.

Das sah Franziskus ganz anders! „Ich bin so reich beschenkt", erklärte er, „die Welt ist voller Schönheit, man muss sie nur sehen können! Schaut, Bruder Mond, der uns die Nacht schenkt und den Schlaf, damit wir uns erholen. Und Schwester Sonne, die uns Wärme und Licht gibt, damit wir fröhlich sind. Auf den Feldern wächst alles, was wir zum Leben brauchen, und wenn wir es teilen, reicht es auch für alle, die Hunger haben." Und weil Franziskus und seine Brüder sich ganz besonders um die Menschen kümmerten, die krank waren und denen es schlecht ging, hatten ihn alle herzlich gern und teilten ihr Essen und ihre Vorräte mit ihm.

Als Franziskus nun beinahe am Stadttor von Gubbio angekommen war, sah er die Wachen oben auf der Mauer stehen. Sie waren kreideweiß im Gesicht und winkten ihm hektisch zu. „He, Brüder, was ist heute los mit euch? Die Sonne scheint, es ist herrlich und ihr versteckt euch in der Stadt?", rief er von unten. „Franziskus, bist du wahnsinnig? Komm sofort herein, du bist in Lebensgefahr!", brüllten sie zurück. Schnell schlüpfte Franziskus durch die Tür im Stadttor, die eilig hinter ihm zugeschlagen wurde. Als Franziskus sich umsah, schaute er in viele ängstliche Gesichter. Hinter der Stadtmauer hatte sich eine große Menschenmenge zusammengedrängt.

„Jetzt mal ganz mit der Ruhe“, sagte Franziskus und legte dem Wachmann, der vor ihm stand, die Hand auf die Schulter. „Was macht euch solche Angst?“ „Hast du es noch nicht gehört, Franziskus?“, fragte der zurück. „Der Wolf, er hat heute wieder zugeschlagen und zwei Reisende kurz vor der Stadt getötet! Es gab diese Woche dann insgesamt schon fünf Tote! So kann das doch nicht weitergehen. Wir können nicht mehr aus der Stadt! Alle Hirten sind hinter die Stadtmauer geflüchtet, keiner traut sich mehr hinaus auf die Felder!“

Franziskus nahm den zitternden Mann in den Arm. „Fürchte dich nicht, Bruder! Ich werde mit dem Wolf reden. Er ist auch unser Bruder!“ Der Wachmann war entsetzt und auch die Menschen hinter ihm fingen an, durcheinander zu rufen: „Nein, nicht, Franziskus!“ „Er ist eine Bestie!“ „Er wird dich zerfleischen!“ „Sei vernünftig und bleib bei uns!“ „Geh lieber und bete für uns!“

Franziskus schaute sie aus traurigen Augen an. „Ihr habt solche Angst in dieser Welt. Und Bruder Wolf hat dieselbe Angst vor euch. Ich werde sie ihm nehmen.“ Und damit schlüpfte er wieder aus der Tür, zu der er eben erst hereingekommen war.

Draußen schaute Franziskus sich um. Dann nahm er den Weg, der von der Stadt durch den Wald in das nächste Dorf führte. Am Waldrand saß eine struppige Gestalt, die ihn beobachtete. „Da bist du ja, Bruder Wolf“, sagte Franziskus leise. Er ging etwas langsamer und blieb dann einen Wolfssatz weit vor dem Tier stehen. Der Wolf hatte sich zum Sprung bereitgemacht. Er knurrte und starrte Franziskus aus gelben Augen an. „Bruder Wolf, wovor hast du solche Angst?“, flüsterte Franziskus. „Ich tue dir nichts. Ich möchte nur mit dir reden.“

Der Wolf hörte auf zu knurren und sah Franziskus fragend an. „Schau, ich bin hergekommen, um dich zu bitten, mit dem Morden aufzuhören“, fuhr Franziskus fort. Der Wolf spitzte die Ohren und legte den Kopf schief. „Weißt du, die Menschen haben vor dir noch viel mehr Angst als du vor ihnen. Du musst sie nicht töten, damit sie dir nichts tun. Und eines verspreche ich dir“, sagte Franziskus und kniete sich hin. Jetzt konnte er dem Wolf direkt in die großen gelben Augen schauen. „Ich passe auf dich auf, dass dir nichts geschieht.“ Dann war es eine Weile still zwischen den beiden. Endlich streckte Franziskus die Hand aus. „Komm her, Bruder Wolf, du bist wunderschön. Sei mein Freund, dann werde ich deiner sein.“ Und plötzlich gab der Wolf sich einen Ruck und tappte zu Franziskus. Der fuhr ihm mit der Hand über den Kopf und kraulte ihn hinter den Ohren. „Spürst du, wie schön das ist?“, flüsterte Franziskus. Und ob der Wolf das spürte! Da legte er tatsächlich Franziskus seine Pfote auf die Schulter und sah ihm tief in die Augen. Franziskus lächelte und nahm den Wolf fest in den Arm. Dann sagte er: „Komm, Bruder Wolf, wir zeigen den Menschen in der Stadt, dass sie keine Angst mehr vor dir haben müssen – und du wirst sehen, du brauchst sie auch nicht zu fürchten!“ Franziskus stand auf und ging denselben Weg zurück in die Stadt, den er gekommen war. Der Wolf sprang neben ihm her wie ein junger Hund, und Franziskus streichelte ihm immer wieder sanft über den Kopf.

Die Menschen in der Stadt hatten alles genau von der Stadtmauer aus beobachtet und den Atem angehalten. Sie konnten fast nicht glauben, was sie da sahen! Als Franziskus vor dem Stadttor ankam, öffneten sie vorsichtig die Tür und schauten ängstlich auf Franziskus und den Wolf. „Liebe Einwohner von Gubbio, ihr braucht keine Angst mehr zu haben. Bruder Wolf wird euch nichts mehr tun. Ihr müsst mir aber versprechen, dass auch ihr ihm nichts mehr tut! Er ist mein Freund, und ich werde auf ihn aufpassen." „Franziskus, wie hast du das gemacht?", fragten ihn die Menschen. „Du kannst mit den Tieren reden und sie verstehen dich!" Ungläubig schauten sie ihn an. „Nun steht nicht da wie die Ölgötzen", rief Franziskus fröhlich, „ihr seid befreit, befreit von der Angst voreinander, ist das nicht ein Grund, sich zu freuen?" Da stimmten alle in sein Gelächter ein und nahmen ihn und den Wolf in ihre Mitte.

Seit dieser Zeit waren Franziskus und sein Bruder Wolf unzertrennlich. Wo er auch hinging, folgte ihm der Wolf. Die Nachricht, dass Franziskus sogar mit den Tieren sprechen kann, verbreitete sich wie ein Lauffeuer in der Gegend. Und wenn die Menschen Franziskus vorher schon sehr gern hatten, so bewunderten sie ihn jetzt sogar heimlich und lachten nicht mehr über ihn.

Namenstag:
4. Oktober

Von Broten und von Rosen – Elisabeth ist nicht aufzuhalten!

Elisabeth war schrecklich traurig. „Warum kann ich den Armen im Dorf nichts mehr bringen, sonst hattest du doch auch nie etwas dagegen?“, fragte sie ihren Mann und verschränkte trotzig die Arme vor der Brust. „Weil ...“, Ludwig machte eine Pause. „Weil wir sonst irgendwann selbst nichts mehr haben, deshalb“, sagte er bestimmt. „Du weißt, dass wir noch immer mehr als genug haben, Ludwig.

Bis wir verhungern, muss schon ein ganzes Kreuzzugsheer in unserer Vorratskammer wüten!" „Es ist mir egal, ich möchte einfach nicht, dass du gehst, und damit basta!" Ludwig schaute seine Frau wütend an. Und Elisabeth schaute ebenso wütend zurück. Dann drehte sie sich ohne ein weiteres Wort um und verschwand in ihrem Zimmer.

Elisabeth war eine Königstocher und schon mit vierzehn Jahren mit Ludwig, dem Landgrafen von Thüringen, verheiratet worden. Das war ganz normal damals und allen Freundinnen von Elisabeth ging es nicht anders. Aber einen Unterschied gab es doch zu ihnen: Elisabeth hatte ihren Mann wirklich sehr lieb, lieber als alle Menschen, die sie sonst kannte.

Umso weniger verstand sie, was jetzt in ihn gefahren war! Ludwig hatte sie von dem Tag an unterstützt, als Elisabeth völlig verwirrt aus der Stadt gekommen war. Heimlich hatte sie sich von der Wartburg, in der sie mit Ludwig wohnte, hinunter nach Eisenach geschlichen. Elisabeth war noch nie allein dort gewesen, immer hatte sie irgendwer von den Leuten begleitet, die auf der Burg wohnten und den ganzen Tag um sie herumwuselten. Das ging ihr auf die Nerven! Nie konnte sie mal allein sein. Und nie konnte sie mal wirklich den Menschen begegnen, die sie doch eigentlich regieren sollte. Also war sie heimlich gegangen. Was sie dann aber in den Gassen zu sehen bekam, tat ihr in der Seele weh:

Kinder mit spindeldürren Armen und riesigen Augen, die an einem Stück verschimmeltem Brot nagten. Frauen, die kaum gehen konnten vor Schmerzen und trotzdem auf der Straße bettelten. Alte, die vor ihren Häusern saßen und sich nicht mehr bewegen konnten, um die sich aber niemand kümmerte.

Nach ein paar Stunden war Elisabeth den ganzen Weg zur Burg zurückgerannt und mitten in ein Diktat ihres Mannes an seinen Schreiber gestürzt. „Du musst etwas tun, Ludwig! Die Leute leiden schrecklich! Sie sterben und haben keine einzige glückliche Minute in ihrem Leben gehabt!“ „Elli, beruhige dich doch erst einmal“, hatte Ludwig gesagt und sie sanft in einen Sessel gedrückt. „Und nun erzähl mal der Reihe nach.“ Ludwig hörte ihr aufmerksam zu. Und auch, wenn er selbst das vielleicht ein bisschen anders sah, so konnte er seiner Frau doch keinen Wunsch abschlagen. Er erlaubte also Elisabeth, den Menschen zu helfen. Und das tat sie dann auch! Sie packte Brot und Getreide, Öl, Wein und Leinen in ihre Körbe und brachte sie den Armen. Sie pflegte die Kranken und verkaufte so manches Silber aus der Burg, um eine Arznei für sie davon zu besorgen. Am Ende überredete sie ihren Mann sogar dazu, ein Haus zu eröffnen, in das die Kranken kommen konnten, um sich pflegen zu lassen – und das ganz umsonst! Und jetzt wollte er sie nicht mehr zu „ihren“ Menschen gehen lassen, ihnen nichts mehr abgeben? Was war bloß los mit ihm?

„Das kann nur Heinrichs Idee gewesen sein“, dachte Elisabeth grimmig. Heinrich, der Bruder ihres Mannes, war gestern Abend zum Essen auf der Burg erschienen. Elisabeth konnte ihn nicht ausstehen, aber das ging Heinrich mit Elisabeth nicht anders. Sie hatte die beiden tuscheln gesehen, und nach dem Essen hatte Ludwig sie tatsächlich ins Bett geschickt. „Wie ein kleines Mädchen“, dachte Elisabeth wütend. „Bestimmt hat

Heinrich ihm wieder irgendwas davon erzählt, dass er schließlich ein Adliger sei und sich nicht um die elenden Faulenzer von Bauern und Gesindel kümmern könne", überlegte sie. Grübelnd legte sie sich auf ihr Bett.

Nach einer Weile klopfte es an die Tür. „Elli?", rief Ludwig leise von draußen. Elisabeth war noch immer wütend und so antwortete sie ihm nicht. Da öffnete Ludwig vorsichtig die Tür und schaute um die Ecke. „Elli, nun sei mir nicht böse", sagte er und setzte sich zu ihr aufs Bett. Er stricht ihr über die Haare und streichelte ihre Wange. „Es ist nur ... Wir sind eben die Landgrafen und sie unsere Untertanen. Wir können nicht so tun, als gäbe es da keinen Unterschied." „Doch, weil sie nämlich genauso Hunger und Durst haben wie wir und weil sie Schmerzen haben, wenn sie krank sind, aber keinen Arzt, der ihnen hilft!", rief Elisabeth aufgebracht. „Ja, Elli, ich weiß. Nur im Moment habe ich ein bisschen Schwierigkeiten deswegen. Die anderen Adligen lachen über mich hinter meinem Rücken. Tu mir den Gefallen und geh in den nächsten Tagen nicht in die Stadt. Danach sehen wir weiter."

„Aber nur dir zuliebe", lenkte Elisabeth grummelnd ein, „nur weil ich dich so lieb habe!" Ludwig musste lachen. „Komm her, meine Elli", sagte er und nahm sie in den Arm.

In dieser Nacht konnte Elisabeth nicht schlafen. „Ich muss einen Weg finden, den Menschen in der Stadt trotzdem zu helfen", dachte sie.

Und als es Morgen wurde, hatte sie eine Idee, wie ihr das gelingen könnte.

Nach dem Frühstück, als alle an ihre Arbeit gegangen waren, nahm sie sich einen Weidekorb aus der Küche und schlüpfte ungesehen in die Speisekammer. Hier nahm sie von allem ein bisschen, sodass wohl niemand auffallen würde, dass etwas fehlt. Den Rest des Korbes füllte sie mit Brot. „Das ist bis heute Abend sowieso hart und dann landet es wieder bei den Schweinen", dachte Elisabeth. Ludwig war zu einem befreundeten Adligen ausgeritten und würde sicher nicht vor dem Dunkelwerden wieder zu Hause sein. Also ging sie zu ihrer Magd und sagte: „Martha, ich werde spazieren gehen, ich brauche frische Luft und ein bisschen Einsamkeit. Falls mich irgendwer vermisst, sag ihnen doch, ich läge mit Kopfschmerzen im Bett." Sie zwinkerte Martha zu und Martha zwinkerte mit einem verschwörerischen Lächeln zurück. Auf sie konnte Elisabeth sich verlassen!

Dann machte sie sich mit ihrem prallvollen Korb auf den Weg. Sie wollte durch den Wald hinunter in die Stadt gehen, dann würde sie niemand sehen. Doch kaum war sie ein paar Schritte vom Burgtor entfernt, sah sie einen Reiter kommen. Und je näher er kam, desto deutlicher konnte sie erkennen, dass es Ludwig war! Da hatte sie sich wohl ordentlich verrechnet.

Sie ging immer langsamer und Ludwig zog die Zügel seines Pferdes an, bis die beiden voreinander stehen blieben. „Hallo, meine Elli", sagte Ludwig und sprang vom Pferd, „wo willst du denn schon so früh hin? Und ganz allein? Und durch den Wald?", fragte er misstrauisch. Elisabeth konnte ihm gar nicht in die Augen sehen. „Och, ich, ich wollte nur ein bisschen allein sein …", stotterte sie. „Und dazu brauchst du so einen schweren Korb?", fragte Ludwig weiter. Elisabeth schwieg. Lügen war einfach nicht ihr Ding, da hielt sie lieber den Mund. „Was ist denn da drin, in deinem Korb?“, fragte Ludwig möglichst harmlos. Elisabeth sagte noch immer nichts. „Los, zeig mir, was in dem Korb ist!“, brüllte Ludwig. So kannte Elisabeth ihn gar nicht! Noch nie hatte er sie angeschrien! Da erwachten der Zorn und der Trotz in Elisabeth. Sie schaute ihm geradewegs in die Augen und zog das Tuch weg, das sie über die Brote gelegt hatte. „Nahrung, Ludwig“, rief sie, „Nahrung für Leib und Seele!“ Irgendetwas stimmte nicht, denn Ludwig starrte völlig verblüfft auf ihren Korb. Als Elisabeth den Kopf drehte und selbst hineinschaute, war der Korb über und über mit Rosen gefüllt.

Da musste sie lächeln, nahm eine rote Rose heraus, reichte sie ihrem Mann und küsste ihn. „Sag ich doch: Nahrung für Leib und Seele“, flüsterte sie ihm ins Ohr. „Und Zeichen der Liebe – zu dir und zu all den anderen Menschen.“ Und damit ließ sie ihn stehen und ging ihres Weges.

Namenstag:
19. November

Martin macht es warm – mitten im Winter

Martin trat in der Abenddämmerung vor die Kaserne und schnupperte. „Es riecht wieder nach Schnee“, dachte er. Dieses Jahr hatte es schon im November angefangen zu schneien. Martin konnte sich nicht erinnern, dass der Winter einmal so früh hereingebrochen war. Die Straßen waren seit zwei Wochen mit der weißen Pracht bedeckt und in der Kaserne hatte man ihnen schon die Winteruniform ausgegeben, damit die Soldaten gerade bei der Nachtwache nicht so froren.

Martin würde gleich seine Schicht am östlichen Stadttor antreten, zusammen mit seinem Freund Julius. Mit ihm waren die Nächte beinahe kurz. Und wenn der Morgen mal wieder auf sich warten ließ, wusste Julius immer noch eine Geschichte zu erzählen, die ihn wachhielt, bis die Sonne über die Mauern stieg und sie das Hufgetrappel ihrer Wachablösung bereits von Weitem hören konnten.

Julius war ein Christ, aber das durfte niemand wissen. Und außer Martin, seinem besten Freund, hatte er es auch niemandem erzählt, denn sonst wäre er wohl als Soldat des römischen Kaisers entlassen worden. In Rom war der Kaiser so etwas wie ein Gott: Man verehrte ihn und glaubte an seine Macht und Größe. Daneben hatten vielleicht noch ein paar römische Götter Platz, aber sicher nicht der Gott der Christen. Julius hatte Martin viel von diesem Jesus erzählt, von dem die Christen sagten, er sei der Sohn Gottes gewesen. Martin hatte aufmerksam zugehört und Julius Löcher in den Bauch

gefragt über seinen Glauben. „Komm doch einfach mal mit zu uns“, hatte Julius gesagt, „am einfachsten ist zu verstehen, was wir Christen sind und glauben, wenn du siehst, was wir tun. Bei uns gibt es kein arm und kein reich, kein groß und klein, mächtig oder ohnmächtig, da sind alle gleich. Wir teilen, was wir haben, und helfen uns, wo wir können. Eben so, wie Jesus das auch getan hat.“ Martin war schrecklich neugierig, aber er hatte auch Angst, seinen Job als Soldat des römischen Kaisers zu verlieren, wenn herauskam, dass er zu den Christen ging.

Eigentlich hatte er gehofft, heute von Julius neue Geschichten hören zu können, aber er war krank geworden. Und deshalb musste er die Nachtwache mit Darius verbringen. Martin mochte ihn nicht. Er war ein ungehobelter Klotz, der immer nur seinen eigenen Vorteil im Kopf hatte und ansonsten damit prahlte, dass er alles am besten konnte: am lautesten brüllen, am meisten Bier trinken, am besten mit dem Schwert zuschlagen. Er ging unmöglich mit den Menschen um, wenn sie zu spät zum Stadttor kamen und nach der Sperrstunde noch um Einlass baten. Martin hatte sich deswegen schon ein paarmal mit ihm angelegt. Außerdem trampelte Darius mit Vorliebe auf denen herum, die schwächer waren als er, und ließ keine Gelegenheit aus, einen anderen bloßzustellen.

Jetzt trat er neben Martin in die Dunkelheit und blökte über den ganzen Kasernenhof: „Na, Martin, hast du wieder deinen ganzen Sold an die Armen und Verzweifelten verschenkt oder hast du noch ein paar Pfennige übrig, die ich dir heute Abend beim Kartenspielen abnehmen kann?“ Dazu grinste er breit und zeigte ihm seine schlechten Zähne. Martin hatte keine Lust auf Ärger und antwortete ihm einfach nicht darauf. Stattdessen meinte er: „Komm, Darius, wir sind spät dran, lass uns die Pferde satteln und aufbrechen.“

Kurz darauf flogen sie über die Hälse ihrer Pferde gebeugt über die Felder hinter der Kaserne und nahmen Kurs auf das große Stadttor, das wie ein riesiger Schatten im Mondlicht vor ihnen lag. Wie Martin es nicht anders erwartet hatte, machte Darius einen Wettstreit aus ihrem Ritt. „Wer zuletzt da ist, muss dem anderen ein Bier bezahlen!“, hatte er gerufen, ehe er sich in den Sattel schwang und seinem Pferd die gespornten Stiefel in die Seite drückte.

Martin war das zu dumm und er fiel schon kurz hinter der Kaserne ein gutes Stück hinter Darius zurück. „Wir sind nicht auf der Flucht“, flüsterte er seinem Pferd ins Ohr, „und ich will nicht, dass du dir völlig ohne Not die Hufe brichst, wenn du bei diesem Schnee ins Rutschen kommst.“ Darius schaute sich jedoch nicht einmal nach ihm um, so unbedingt wollte er Erster am Stadttor sein. Als sie näher zur Stadt kamen, sah er die Fackeln, die den Weg vor dem Stadttor erleuchteten. Und neben einer der Fackeln hockte oder lag irgendetwas. Martin konnte von hier aus aber nicht erkennen, was das wohl war. Darius zog das Tempo noch einmal ordentlich an, als er auf den Weg einschwenkte, der zum Stadttor führte – und hielt im vollen Galopp genau auf dieses Bündel zu. Vielleicht wollte auch er sehen, was das war?

Martin war jetzt näher herangekommen, als sich das Bündel plötzlich bewegte. „Das ist ein Mensch!“, schoss es Martin durch den Kopf. Wohl einer der armen Bettler der Stadt, den der Wintereinbruch völlig überrascht hatte. Er versuchte, sich wenigstens an den Fackeln etwas zu wärmen, die den Weg erhellten. Noch immer hielt Darius genau auf sein Ziel zu. Erst, als er schon beinahe vor ihm stand, drehte sich der Bettler herum. Starr vor Schreck presste er sich an die Stadtmauer, riss die Augen auf und stieß einen Angstschrei aus. Darius hatte sein Pferd im letzten Moment herumgerissen. Es stieg auf die Hinterläufe und wieherte laut.

Als es die Vorderläufe wieder absetzte, landete es mit den Hufen so nah vor den Füßen des Bettlers, dass Martin dachte, es müsse ihm die Zehen zerquetscht haben. „Geh mir aus den Augen, du nichtsnutzige Kreatur! Wärm deine Finger woanders! Ich werde die unbescholtenen Bürger dieser Stadt vor Faulenzern wie dich zu beschützen wissen!“, schrie Darius ihn an und zückte tatsächlich sein Schwert. In diesem Moment war Martin bei ihm angekommen. „Darius, jetzt reicht es!“, brüllte er ihn an. „Geh auf deinen Posten, du bist zur Nachtwache eingeteilt, nicht zum Bettlerkrieg!“

Am Stadttor hatte sich eine kleine Menschenmenge versammelt und schaute neugierig und verängstigt zu, was sich zwischen den Dreien dort abspielte. Darius funkelte Martin böse an. „Das wirst du mir noch büßen, mich hier vor allen Menschen so zu blamieren“, zischte er Martin zu. Dann wendete er sein Pferd und trabte durchs Stadttor. „Kommst du jetzt zum Dienst oder willst du dich wie immer um deine Pflicht drücken? Ich denke, ich sollte ein Wort mit dem Hauptmann sprechen ...“, sagte er über die Schulter zu Martin.

„Sag, hat er dich verletzt?“, fragte Martin den Bettler. „Nein, Herr, ich hatte Glück. Habt vielen Dank, dass Ihr mir geholfen habt!“, antwortete der. Da erst sah Martin, dass der Bettler nur in Lumpen gehüllt war: Er hatte keine Schuhe und sich nur alte Lappen um die Füße gewickelt. Sein Hemd bestand beinahe nur noch aus Löchern und seine Hose sah nicht besser aus.

„Hast du keinen Ort, wo du hingehen kannst, um dich aufzuwärmen?“, fragte Martin ihn. „Bei diesem Schnee wirst du heute Nacht erfrieren, wenn du hier draußen bleibst.“ „Nein, Herr, keinen Ort“, murmelte der Bettler traurig. „Es gibt niemandem, dem ich fehlen würde oder der mir ein Obdach gibt.“

„Martin, wo bleibst du? Es hat schon die Stunde geschlagen, dein Dienst fängt an! Oder soll ich den Hauptmann rufen?“, höhnte Darius von Weitem.

Martin überlegte noch einen kurzen Moment. Dann zog er seinen dicken Wintermantel von der Schulter, der ihn selbst in Nächten wie dieser nicht frieren ließ, zückte sein Schwert und hieb in mittendurch. Der Bettler schaute ihn ängstlich an, er dachte wohl, Martin wolle ihn jetzt auch mit dem Schwert bedrohen. Doch der legte sich den halben Mantel wieder um die Schulter, steckte sein Schwert ein und reichte dem Bettler die andere Mantelhälfte. „Da, nimm. Mir wird schon eine Ausrede beim Zeugmeister einfallen, warum ich nur noch einen halben Mantel habe. Du brauchst ihn dringender als ich.“

Ungläubig starrte der Bettler auf den warmen, weichen Stoff in seiner Hand und konnte es gar nicht glauben. „Aber, aber ...“, stotterte er. Und noch ehe er Martin danken konnte, hatte dieser sich wieder auf sein Pferd geschwungen und war im Stadttor verschwunden.

„Jetzt weiß ich, was Julius meinte, dass man Christen an dem erkennt, was sie tun“, dachte Martin. „Und sobald Julius wieder gesund ist, werde ich ihn bitten, mich mit zu ihnen zu nehmen. Ich glaube, da bin ich gut aufgehoben.“ Und damit trat er in die Wachstube, in der Darius schon auf ihn wartete.

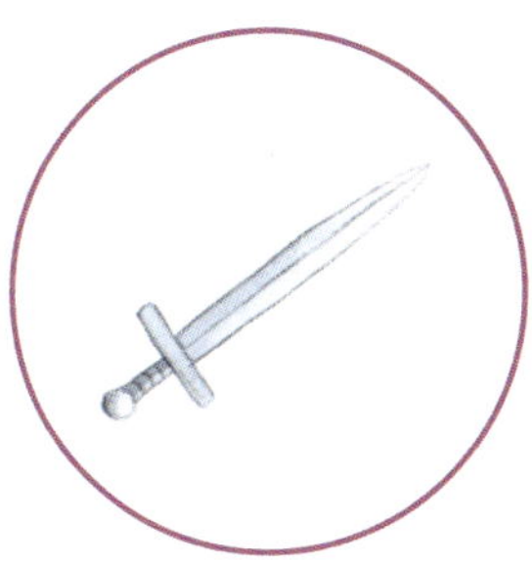

Namenstag:
11. November

Christopherus ist nichts zu schwer

Die meisten Menschen hatten Angst vor Reprobus. Das lag wohl vor allem daran, dass er einfach nicht aufgehört hatte zu wachsen und so groß war, dass manche über ihn erzählten, er sei der Sohn eines Riesen und gar kein Mensch. Außerdem war Reprobus bärenstark. Kein Stein, der ihm zu schwer gewesen wäre, und wenn es sein musste, konnte er einen Baumstamm ganz allein tragen.

Was aber die wenigsten wussten, war, dass Reprobus ein großes und ganz weiches Herz hatte. Eigentlich konnte er keiner Fliege etwas zuleide tun. Und leider war er auch nicht ganz so schlau wie er stark war. Das wusste er aber selbst.

„Ich bin der stärkste Mensch, den ich kenne“, dachte er, „aber leider nicht der schlauste. Wenn ich mich jetzt auf die Suche nach dem schlausten Menschen mache, den es gibt,

dann können wir uns ergänzen. Und wenn ich diesem Menschen diene, können wir gemeinsam ganz viel Gutes tun“, dachte Reprobus. „Aber wie finde ich diesen Menschen?“

Wer nicht fragt, bleibt dumm, dachte sich Reprobus weiter, und so fragte er jeden, dem er begegnete: „He du, wer ist der schlauste Mensch, den du kennst? Ich möchte ihm dienen. Aber es muss der schlauste sein! Nur für ihn will ich arbeiten, ich bin schließlich auch der Stärkste!“

Die meisten Menschen hatten zunächst einmal Angst, Reprobus zu antworten. Und dann fiel ihnen meistens irgendein schrecklich mächtiger Mensch ein, denn wer es schaffte, mächtig zu werden, musste ungeheuer schlau sein. Immer, wenn ihm einer den Namen eines Mächtigen nannte, machte Reprobus sich zu dessen Hof auf.

War er dort angekommen, dann bot er ihm seine Dienste an und sagte ihm, er wolle ihm Untertan sein, weil er der schlauste und der mächtigste Mensch sei, den es gab, wie er von anderen gehört hatte. Die Mächtigen fühlten sich immer sehr geschmeichelt und

nahmen ihn gerne in ihren Dienst. Aber meistens dauerte es nur ein paar Wochen, bis Reprobus merkte, dass er nicht beim Mächtigsten und auch nicht beim Schlausten gelandet war, denn es gab immer noch einen anderen, vor dem sich die Mächtigsten fürchteten, weil sie noch mächtiger waren: der Graf vor dem Fürsten, der Fürst vor dem Kaiser, der Kaiser vor dem Teufel und der Teufel vor – Christus.

Reprobus kannte diesen Christus nicht, aber er wollte ihn unbedingt kennenlernen. Jedoch konnte ihm niemand sagen, wo er ihn finden würde. Bis er eines Tages einen Mann traf, der ihm sagte: „Geh dort zum Flussufer hinunter und folge ihm, bis du zur nächsten Furt kommst. Dort lebt in einem kleinen Häuschen ein alter, weiser Mann, der Christus schon einmal begegnet ist. Frag ihn, er kann dir sicher weiterhelfen.“

Reprobus fand die Furt, das kleine Häuschen und den alten Mann. Und als er ihm gegenüberstand, sagte Reprobus: „Ich bin so weit gereist, weil ich dem Schlausten und Mächtigsten dienen will, aber nur ihm. Und immer fand ich mächtige Menschen, aber immer gab es auch einen anderen, vor dem die Mächtigen Angst hatten, weil er noch mächtiger ist. Sogar dem Teufel habe ich gedient, und der schließlich hatte Angst vor Christus. Man sagte mir, du könntest mir sagen, wer er ist und wo ich ihn finden kann.“

Der alte Mann lächelte und bat Reprobus in sein Haus. „Ja, ich kenne Christus“, sagte er, als sie gemeinsam am Tisch saßen.

„Aber es ist nicht so, dass du einfach zu ihm hingehen kannst. Es ist vielmehr umgekehrt: Wenn du ihn suchst, wird er dich finden und zu dir kommen. Dazu brauchst du aber ein bisschen Geduld", meinte der Alte.

„Die habe ich, und alle Zeit der Welt", antwortete Reprobus. „Also gut, dann warte hier auf ihn. Und in der Zwischenzeit könntest du mir ein bisschen behilflich sein. Dafür will ich dir ein Dach über dem Kopf geben und dein täglich Brot." „Was soll ich für dich tun?", fragte Reprobus. „Ich bin Fährmann für den Fluss, aber mein Boot ist kaputtgegangen. Da du so groß und stark bist: Könntest du die Menschen über den Fluss bringen, bis ich mein Boot repariert habe?" Damit war Reprobus gerne einverstanden. Er schnitze sich einen tüchtigen Stecken und mit seiner Hilfe brachte er jeden Tag die Menschen auf seinen starken Schultern von der einen auf die andere Flussseite.

Eines Nachts erwachte er aus einem unruhigen Schlaf, weil er jemanden am anderen Ufer rufen hörte. Reprobus stand von seiner Matte auf und ging nach draußen, um zu sehen, wer um diese nächtliche Zeit den Fluss überqueren wollte. Er traute seinen Augen kaum, als er am anderen Ufer ein kleines Kind stehen sah, das ihn gerufen hatte. Doch dann zuckte er mit den Schultern, nahm seinen Stab und stapfte ins Wasser. Auf der anderen Seite beugte er sich freundlich zu dem Kind hinunter und ließ es auf seine Schulter krabbeln. „Nun geht es los, kleiner Mann, halt dich gut fest", sagte er und stiefelte los.

Sonst machte ihm seine Arbeit Spaß und es war ihm ein Leichtes, den Fluss zu durchqueren. Doch in dieser Nacht wurde ihm jeder Schritt immer schwerer, er hatte das Gefühl, das Wasser steige ihm bis zum Hals und das Kind wöge mit jedem Schritt immer mehr. „Mein Gott, es fühlt sich an, als hätte ich die Last der ganzen Welt auf der Schulter!“, dachte er, während er gegen die Flut ankämpfte und tapfer einen Schritt vor den anderen setzte.

Als er endlich am anderen Ufer angelangte, setzte er das Kind ab und sagte zu ihm: „Du hast mich in große Gefahr gebracht, mein Kind. Du wurdest mir auf meinen Schultern so schwer, als hätte ich die Last der ganzen Welt zu tragen!“ Da antwortete das Kind: „Da hast du recht, Reprobus, denn weiß du, wen du wirklich getragen hast? Ich bin Christus, der, den du gesucht hast, und ich habe dich gefunden. Auf meinen Schultern liegt die Welt und so lag sie nun auf deinen. Und da du mir beim Tragen geholfen hast, wenn auch nur für einen kurzen Moment, sollst du nicht mehr Reprobus, sondern Christopherus genannt werden. Das heißt: ‚Der Christus getragen hat‘. Und das soll dir zum Zeichen sein, dass du weißt, du hast nicht geträumt: Nimm deinen Stecken und pflanze ihn vor die Tür des Weisen. Morgen früh, wenn du erwachst, wird er Blätter und Früchte tragen.

Im selben Augenblick war das Kind verschwunden. Christopherus aber steckte seinen Stab neben die Haustür des Weisen und als er morgens aufstand, trug er tatsächlich Blätter und Früchte.

Namenstag:
24. Juli

Nikolaus hat ein Geheimnis

Nikolaus war schon einige Zeit Bischof in Myra, aber es gefiel ihm gar nicht, mit Mitra und Stab herumzulaufen und sich von den Menschen den Ring küssen zu lassen. Viel lieber ging er unerkannt in seinen ganz alltäglichen Kleidern unter den Menschen seiner Stadt spazieren und sah zu, wo er ihnen helfen konnte.

Dazu gehörte auch, dass er sich immer auf dem Marktplatz die Schuhe putzen ließ von den vielen Jungen, die hier ihre Dienste anboten. Er wusste, dass ihre Familien arm waren und sie so ein bisschen was dazu beitragen konnten, damit alle genug zu essen bekamen. Außerdem kam Nikolaus so mit den Jungen ins Gespräch und er konnte ganz unauffällig fragen, wie es denn zu Hause ging. Dabei steckte er den Jungen immer ein paar Taler extra in die Tasche, wenn sie es nicht merkten, weil sie gerade mit ihrem Schuhputzzeug beschäftigt waren.

Eines Tages ging Nikolaus wieder zu einem von ihnen und ließ sich auf dem Schuhputzerstuhl nieder. „Einmal blitzblank“, sagte Nikolaus freundlich. „Aber sicher, der Herr“, antwortete der Junge und begann zu putzen. „Warum bist du eigentlich nicht in der Schule?“, fragte Nikolaus, während der Junge eifrig ans Werk ging. „Das geht leider nicht“, sagte er, ohne aufzuschauen. „Meine Mutter ist schon vor ein paar Jahren gestorben und nun ist mein Vater auch noch krank geworden. Ich muss sehen, dass ich mit meinen Geschwistern ein bisschen Geld verdiene, damit wir durchkommen.“ Nikolaus tat der Junge schrecklich leid. „Das ist aber schlimm“, sagte er. „Na ja, für uns geht es noch.

Aber unsere drei Schwestern, die wollten heiraten, was nun nicht geht, weil mein Vater ihnen keine Mitgift zahlen kann. Aber wie sollen wir die drei auch noch mit ernähren?“, fragte der Junge. Und als Nikolaus genau hinsah, fiel eine dicke Träne auf seine frisch geputzten Schuhe.

„O, toll, du hast ein neues Putzmittel“, sagte Nikolaus und wischte sich den Schuh ab, „davon glänzt der Schuh noch mehr. Dafür gebe ich dir auch das Doppelte“, und steckte dem Jungen schnell das Geld in die Tasche, ehe der sich wehren konnte. „Danke, der Herr!“, sagte er und strahlte über das ganze Gesicht. „Da wird sich Papa aber freuen!“ „Wie heißt denn dein Papa?“,

fragte Nikolaus möglichst beiläufig. „Hieronimus, der Gerber“, antwortete der Junge und war noch ganz versunken in den Anblick der blinkenden Taler auf seiner Hand.

Nikolaus machte sich aus dem Staub, aber die Geschichte des Jungen ging ihm nicht aus dem Kopf. Als es Nacht geworden war, lag er in seinem weichen Bischofsbett und konnte nicht schlafen. „Was wird mit den Schwestern geschehen?“, fragte er sich. „Sie werden auf schlimme Weise ihr Geld verdienen müssen. Das kann ich nicht zulassen!“ Entschlossen stand er auf und zog sich wieder seine ganz normalen Alltagssachen an. Dann öffnete er die Geldkassette in seinem Schrank und nahm einen der drei Goldklumpen heraus, die darin lagen. Die hatte ihm eine entfernte Tante vermacht. „Ich habe doch alles, was ich brauche“, dachte Nikolaus, „das Gold ist besser aufgehoben bei Menschen, die nicht mehr ein noch aus wissen.“ Und so machte er sich auf den Weg. Am Tag hatte er einfach ein paar Menschen auf der Straße gefragt, wo Hieronimus, der Gerber wohnte, und so getan, als wolle er ihn aufsuchen. Daher wusste er jetzt, wo er wohnte.

Als er vor dem Haus des Gerbers angekommen war, steckte er den Goldklumpen in ein kleines Säckchen und warf ihn durch das geöffnete Fenster in die Wohnstube. So leise wie er gekommen war, verschwand er auch wieder. Er bedauerte nur, dass er die Gesichter des Gerbers und seiner Kinder nicht sehen konnte, wenn sie das Gold fanden.

Am nächsten Tag ließ er sich wieder die Schuhe von dem Jungen putzen. „Hallo, junger Mann, wie geht es heute?“, fragte er ihn. Der Junge strahlte. „Sie werden es nicht glauben! Es ist ein Wunder geschehen! Heute Nacht hat jemand einen Klumpen Gold durch unser Fenster geworfen! Vater war überglücklich! Nun kann zumindest seine älteste Tochter heiraten! Heute ist unser Glückstag und ich gehe noch einmal so gerne auf den Markt zum Schuheputzen!" Nikolaus lächelte still in sich hinein. „Das ist aber toll! Das ist ja wirklich fast ein Wunder! Da meint es jemand gut mit euch!", sagte er. Der Junge nickte heftig. Aber auch in dieser Nacht konnte Nikolaus nicht schlafen. Immer musste er daran denken, dass es da noch zwei weitere Schwestern gab, die nicht heiraten konnten, weil sie kein Geld hatten. Also zog er wieder seine Sachen an, öffnete die Geldkassette, nahm den zweiten Goldklumpen heraus und machte sich auf den Weg. Als er vor dem Haus des Gerbers ankam, stand wieder das Fenster der Stube offen und so konnte er den Goldklumpen durchs Fenster werfen wie in der Nacht zuvor.

Am nächsten Tag, als Nikolaus wieder zum Schuheputzen auf den Markt ging, war der Junge kaum zu bremsen. „Das kann fast nicht sein", rief er, „heute Nacht hat uns jemand einen zweiten Klumpen Gold durchs Fenster geworfen! Nun kann auch meine andere Schwester heiraten. Ich weiß: Alles wird gut, wir sind echte Glückskinder! Heute putze ich Ihre Schuhe umsonst, mein Herr!" „Aber nein", wehrte Nikolaus ab, „du hast doch noch eine Schwester und du und dein Vater, ihr braucht das Geld. Hier, nimm das!" Und damit steckte ihm Nikolaus das Geld in die Tasche.

Als Nikolaus abends auf dem Weg ins Bett war, dachte er wieder an die Familie, die nun noch immer eine Tochter hatte, die nicht heiraten konnte. Da ließ er die Sachen gleich an, nahm nun auch noch den dritten Goldklumpen aus der Schatulle und machte sich auf den Weg. „Sie werden mehr daraus machen als ich. Bei mir hätte das Gold nur geglänzt und mir damit Freude gemacht. Bei ihnen wird aus dem Gold ein Häuschen, eine Familie, Kinder – Leben. Das alles schenkt es aber nur, wenn man nicht daran festhält, sondern es ausgibt", dachte Nikolaus

unterwegs. Kurz darauf stand er wieder vor dem Häuschen des Gerbers. Gerade als er den Arm hob, um den Goldklumpen durch das offene Stubenfenster zu werfen, tauchten am Fenster die Gesichter von sechs Menschen auf: Drei Mädchen, zwei Jungs und ein Mann mit Bart. Nikolaus erschrak fürchterlich und wollte gerade weglaufen, als der Mann im Fenster rief: „So bleiben Sie doch stehen, wir möchten uns doch nur bedanken und endlich wissen, wer so gut zu uns ist!"

Da sah Nikolaus ein, dass er jetzt nicht weglaufen durfte, und drehte sich wieder um. „Der Mann mit den schmutzigen Schuhen!", rief der Junge verblüfft. „Unser Bischof Nikolaus", rief der Mann mit Bart. Nikolaus musste schmunzeln. „Ihr habt wohl beide recht", sagte er, „ich bin der Bischof mit den schmutzigsten Schuhen in der ganzen Stadt. Nun habt ihr mich gesehen."

„Lieber Bischof Nikolaus, ich weiß gar nicht, wie ich Ihnen danken soll!" Der Vater war den Tränen nahe. „Wie kann ich das je wiedergutmachen?"

„Mit einem großen Gefallen", antwortete Nikolaus, „verratet mich nicht. Ich möchte bei den Menschen sein und nicht in meinem Bischofssitz hocken und mich langweilen oder schlimmer noch verehren lassen. Ich möchte sein wie Jesus – ich möchte ihm nachfolgen. Wenn ihr etwas tun wollt für mich, dann das: Sagt mir, wem es schlecht geht, wer was braucht unter den Armen, und ich will es besorgen, wenn ich kann. Aber nur, wenn ihr unser Geheimnis bewahrt!" Nikolaus zwinkerte ihnen zu. Da grinsten alle Kinder und auch der Vater über das ganze Gesicht und zwinkerten zurück.

Wenn Nikolaus jetzt mit schmutzigen Schuhen auf den Markt kam und sie sich von dem Jungen putzen ließ, unterhielten sie sich über die Menschen in den armen Vierteln der Stadt. Der Junge erzählte, wem es gerade schlecht ging und wer Mehl oder Zucker, Eier, ein paar Dachziegel oder ein Huhn, einen Arzt oder eine Medizin brauchte, und Nikolaus stellte all das nachts heimlich vor die Tür der Menschen. Niemand fand je heraus, woher all die guten Gaben kamen. Aber wenn Nikolaus einem aus der Familie von Hieronimus, dem Gerber, begegnete, zwinkerten sie sich heimlich zu und lächelten wissend.

Namenstag:
6. Dezember

Barbara blüht auf

„Nein!", rief Barbara. Ihre Stimme zitterte vor Wut – und auch ein bisschen vor Angst. Ihrem Vater zu widersprechen war nämlich nicht ganz ungefährlich. Das hatte sie schon ein paarmal bei anderen Gelegenheiten erlebt. Er war nicht nur schrecklich jähzornig und stur, sondern auch noch schrecklich reich und mächtig. Und er ließ kaum eine Gelegenheit aus, andere Menschen das spüren zu lassen. So war manch einer seiner Untertanen oder auch Geschäftspartner im Gefängnis oder sogar am Galgen gelandet, weil er es gewagt hatte, anderer Meinung zu sein oder sich nicht seinem Willen zu beugen.

Und jetzt hatte es sie selbst getroffen! Seit Wochen lag ihr Vater ihr in den Ohren, sie solle diesen Kerl heiraten, der am Hof des Kaisers lebte. „Ja, Majestät, nein, Majestät, sehr wohl, Majestät", das war alles, was sie ihn bisher hatte sagen hören. So ein Speichellecker! Und mit dem sollte sie den Rest ihres Lebens verbringen? „Nur über meine Leiche", dachte sich Barbara.

Heute war ihr Vater ohne Anzuklopfen in ihr Zimmer gestürmt und hatte ihr verkündet: „Also, der Hochzeitstermin steht fest:

Zum Erntefest wirst du die Seine werden!“ Jetzt stand sie hier, starrte ihm in die Augen und war mindestens so wütend wie er. „Ich werde diesen Kerl nicht heiraten“, und mutig setzte sie hinzu: „und wenn du mich deswegen einsperrst!“

Ihr Vater war vor Wut rot angelaufen. Doch plötzlich verwandelte sich sein verzerrtes Gesicht in ein bösartiges Grinsen. „Wohl gesprochen, meine Tochter, dann werde ich dich eben einsperren, bis du zur Vernunft kommst!“ Dann öffnete er die Tür und rief nach seinen Wachen. Als sie schüchtern in Barbaras Zimmer traten, sagte er zu ihnen: „Nehmt meine Tochter mit, sie ist von Sinnen und braucht eine Zeit für sich. Sperrt sie in den alten Wohnturm. Dort soll es ihr an nichts fehlen, aber verriegelt alle Türen, damit sie sich nicht am Ende etwas Böses antut!“ Barbara konnte es nicht glauben – ihr eigener Vater ließ sie einsperren! Doch schließlich war sie seine Tochter und hatte von ihm nicht nur ihre Sturheit geerbt, sondern auch den Stolz. Und so ließ sie sich ohne ein Wort von den Wachen abführen und im Turm einsperren. „Hier habe ich wenigstens meine Ruhe vor ihm“, dachte Barbara, „und er nervt mich nicht mehr ständig mit seinen Heiratsplänen und rennt mir auf Schritt und Tritt nach.“

So gut es eben ging, richtete sie sich in den nächsten Tagen in ihrem Turm ein. Mit der Zeit wurde es ihr ein bisschen langweilig, aber was ihr wirklich fehlte, waren ihre Freunde, die Christen. Sie hatte sie schon vor einer ganzen Weile kennengelernt. Damals war eine gute Freundin von ihr gestorben. Sie war krank geworden und hatte schreckliche Schmerzen gehabt, wochenlang. Als sie starb, war Barbara sehr traurig gewesen und hatte die Eltern besuchen wollen, um sie ein wenig zu trösten und mit ihnen die Trauer zu teilen. Aber als sie dort ankam, waren die Eltern so ganz anders gewesen, als sie es befürchtet hatte. Sie waren traurig, natürlich, aber das Haus war voll von Menschen gewesen, die sie liebevoll in den Arm nahmen und bei ihnen blieben, für sie kochten und sich um die anderen

Kinder kümmerten. „Es tut mir so leid für euch“, hatte sie zu den Eltern gesagt, „ich kann es nicht verstehen, warum sie sterben musste!“ „Sei nicht traurig, Barbara“, hatte die Mutter geantwortet, „sie ist jetzt bei Jesus, sie hat keine Schmerzen mehr, und wenn wir sterben, werden wir uns wiedersehen. Sie ist nicht tot, sie ist nur schon mal vorausgegangen zu diesem Ort.“ Barbara war verblüfft – und wollte mehr wissen. Und so hatte sie von Jesus, von seinem Leben, von seinem Tod und seiner Auferstehung erfahren. Und von den Christen, die so leben wollten, wie Jesus gelebt hatte: voll Liebe zu seinen Mitmenschen.

Natürlich hatte ihr Vater ihr verboten, sich mit diesen Menschen zu treffen, aber Barbara war ja nicht dumm. Und so war sie heimlich zu ihnen gegangen, wenn es sein musste, auch nachts. Nun waren diese Menschen wirklich ihre Freunde und sie fehlten ihr sehr.

Eines Nachts hörte sie draußen vor ihrem Turm einen seltsamen Vogel. Immer wieder stieß er denselben Ruf aus. Bis Barbara plötzlich aufsprang –natürlich war das gar kein Vogel, sondern ein Mensch, der einen Vogel nachmachte! Sie rannte zu ihrem Fenster und sah Felix, einen ihrer christlichen Freunde, unten am Turm stehen. „Barbara, wie geht es dir? Können wir etwas für dich tun?“, rief er leise hinauf. „Felix, wie schön, dich zu sehen!“, antwortete Barbara glücklich. „Mir ist nur ein bisschen langweilig, sonst geht es mir gut“, sagte sie. „Man erzählt sich, dass es einen geheimen Gang vom Turm bis zur alten Mühle draußen vor dem Dorf gibt“, flüsterte Felix. „Morgen Nacht werden wir versuchen, ihn zu finden und kommen dich dann besuchen!“ „Das wäre ja fast zu schön, um wahr zu sein!“, rief Barbara. „Psst, leise!“, ermahnte sie Felix, „die Wachen!

Also dann, auf morgen Nacht!“ Und damit war er im Gebüsch verschwunden.

Barbara konnte den nächsten Abend kaum erwarten. Und tatsächlich: Irgendwann kratzte und rumpelte es im Fußboden und dann öffnete sich eine Klappe, aus der ihr Felix und ein paar andere Christen fröhlich entgegen grinsten. Barbara war sprachlos – und glücklich!

In den folgenden Nächten besuchten sie der Reihe nach alle ihre Freunde und brachten ihr allerhand Geschenke mit. Barbara konnte es gar nicht richtig fassen. „Warum kommst du nicht mit uns und fliehst?“, fragte sie Felix an einem Abend. „Weil mein Vater mich dann töten würde, bekäme er mich in die Finger“, meinte Barbara traurig. „Solange er mich hier eingesperrt weiß, lässt er mich in Ruhe und ich kann tun und lassen, was ich will.“ Felix nickte. „Das kann ich verstehen.“ Dann schwiegen sie eine Weile.

„Aber eine Bitte hätte ich“, sagte Barbara irgendwann. „Ich hatte so viel Zeit zum Nachdenken hier und nun weiß ich, dass ich unbedingt zu euch gehören will. Ich möchte mich taufen lassen. Meinst du, du kannst das organisieren?“ Ein Leuchten ging über Felix Gesicht. „Aber sicher!“, antwortete er. „Wenn du willst, schon morgen Abend. Aber dazu musst du uns in die alte Mühle begleiten. Dort wollen wir die Gemeinde versammeln und dich taufen.“ Barbara war einverstanden, und so kam Felix in der nächsten Nacht, um sie abzuholen. „Ich freue mich so darauf, nun endlich in eurer Gemeinde aufgenommen zu werden!“, flüsterte Barbara, als sie durch den Gang schlichen. „Ich auch!“, sagte Felix, ohne sich umzudrehen.

Alle waren da, als sie aus dem Gang stiegen, und alles war hell erleuchtet durch Fackeln und Kerzen, die die anderen in ihren Händen hielten. „Barbara, herzlich willkommen!“ So viele Hände, die sich ihr entgegenstreckten, so viele offene Arme, in die sie geschlossen wurde. Dann wurde sie getauft und zog sich anschließend das weiße Kleid an, das ihr die anderen aus der Gemeinde zum Zeichen für ihre Taufe geschenkt hatten.

Lächelnd trat sie spät wieder den Rückweg durch den Tunnel an. Doch als sie im Turm die Klappe im Boden öffnete, erwartete sie eine böse Überraschung: Breitbeinig stand ihr Vater über ihr und kochte vor Wut. „Wo kommst du her?“, schrie er sie an und zerrte sie an den Haaren. Da war es Barbara plötzlich egal. „Ich komme gerade von meiner Taufe, jetzt bin ich Christin, Vater! Und in Zukunft werde ich mir von dir gar nichts mehr vorschreiben lassen!“ Da schlug sie der Vater mitten ins Gesicht. „Werft sie in den Kerker!“, befahl er seinen Wachen. Die zogen die Köpfe ein und konnten es nicht fassen, dass ein Vater so mit seiner Tochter umging. Dennoch führten sie sie noch in der Nacht durch den Wald in die Stadt und sperrten sie ein. Bald war Barbara wieder einmal allein in ihrem Gefängnis – nur diesmal war es nicht ihr Turm, sondern ein feuchter und kalter Keller. Sie hatte keine Angst, auch wenn sie sich sicher war: Hier würde sie nicht mehr lebend herauskommen. Ihr Vater fühlte sich gedemütigt, er wollte jetzt der ganzen Welt beweisen, mit welch eiserner Faust er regierte und dass ihm keiner in die Quere kommen durfte – nicht einmal seine eigene Tochter. Doch irgendwie war Barbara seit ihrer Taufe wie mit einem Licht angefüllt, ihr war es plötzlich egal, dass sie sterben würde. Sie dachte an das, was die Eltern ihrer Freundin ihr gesagt hatten: „Sie ist nicht tot, sie ist jetzt bei Jesus. Und wir werden sie wiedersehen.“ Daran glaubte sie. Als sie so da saß und nachdachte, spürte sie plötzlich etwas Hartes, das sich in

ihrem Haar verfangen hatte. Es war ein Kirschblütenzweig, an dem die Knospen noch verschlossen waren. „Du wirst blühen und allen zeigen: Selbst wenn ich sterbe, geht das Leben weiter. Auch im Dunkeln, in schweren Zeiten, im Winter ist das Leben nur verborgen, es kommt immer wieder.“ Dann stellte sie den Zweig in den Wasserkrug, den die Wachen ihr gegeben hatten.

Am nächsten Morgen kam ein Gerichtsdiener in ihre Zelle. „Barbara, der Stadthalter Marcianus hat dich auf Geheiß deines Vaters Dioscuros zum Tod verurteilt“, sagte er. „Hast du noch einen letzten Wunsch?“ „Ja, bitte sorge dafür, dass Felix, der Schmied im Dorf, diesen Zweig erhält“, sagte Barbara und hielt ihm den Kirschzweig entgegen. Erstaunt nahm der Gerichtsdiener ihn in die Hand. „Ich kümmere mich selbst darum“, sagte er dann. „Ich habe eine Tochter in deinem Alter und ich kann einfach nicht verstehen, wie ein Vater so handeln kann“, fügte er leise hinzu. Dann wurde Barbara abgeführt und zum Marktplatz gebracht. Ihr Vater selbst war es, der ihr den Kopf abschlug.

Der Zweig aber fand seinen Weg zu Felix, dem Schmied. Er blühte, obwohl es rings um noch Winter war. Und obwohl er um Barbara weinte, musste er doch auch lächeln. Er hatte die Botschaft des Kirschbaumzweigs verstanden. „Wir sehen uns wieder, Barbara“, flüsterte er in die Blüten.

Namenstag:
4. Dezember

Wie Georg, der beinah Furchtlose, dem Drachen zeigte, wo es langgeht

Georg war ein stolzer Ritter. Er zog durch das ganze Land, um für das Gute zu kämpfen. Kam er in eine neue Stadt, dann stellte er sich in seiner glänzenden Rüstung und mit seinem prächtigen Pferd mitten auf den Marktplatz und rief: „Ich bin Georg, der Furchtlose! Wo gibt es einen Teufel, den ich bei den Hörnern packen, einen Drachen, den ich besiegen, eine Jungfrau, die ich retten, oder einen Armen, dem ich Recht verschaffen soll?“ Und immer gab es einen Teufel, einen Drachen, eine Jungfrau oder einen Armen und Georg stürzte sich für oder gegen ihn in den Kampf. Georg war nicht nur stolz und ohne Furcht, er war auch tapfer und mutig. Und das hatte ihm über die Jahre jede Menge Narben eingebracht. Und nicht nur das: Mehrmals schien er schon tot am Boden zu liegen, aber er war immer wieder aus der Ohnmacht erwacht oder trotz seiner vielen Wunden wieder gesund geworden.

„Georg, wie machst du das?“, fragten ihn die Menschen erstaunt. „Nicht ich bin der, der das tut“, sagte Georg dann immer, „es ist Gott, der seine Hand über mir hält. Er will, dass ich die Menschen weiter beschütze und für sie kämpfe. Daher lässt er mich immer wieder aufstehen und gesund werden.“ Dann schwang er sich auf sein Pferd, schlang seinen Mantel um sich und reckte stolz den Kopf. „Aber jetzt muss ich weiter, zum nächsten Teufel, zum nächsten Drachen, zur nächsten Jungfrau, zum nächsten Armen“, sagte er zum Abschied und galoppierte davon.

Eines Tages kam er in den schönen Ort Silena. Georg hatte gehört, dass es eine sehr reiche Stadt mit einem gütigen König sei. Und da er gerade wieder einen heftigen Kampf gewonnen hatte und seine Wunden noch nicht ganz verheilt waren, dachte er sich: „Da kann ich vielleicht so was wie Urlaub machen.“ Doch als er durchs Stadttor ritt, fand er die Stadt wie ausgestorben vor. Niemand war auf der Straße zu sehen. Alle Läden hatten geschlossen, die Fenster der Häuser waren mit schwarzen Tüchern verhängt und es lag eine schreckliche Stille über der Stadt.

Als er auf dem Marktplatz ankam, rief er sein Sprüchlein über das leere Pflaster: „Ich bin Georg, der Furchtlose! Wo gibt es einen Teufel, den ich bei den Hörnern packen, einen Drachen, den ich besiegen, eine Jungfrau, die ich retten, oder einen

Armen, dem ich Recht verschaffen soll?“ Seine Stimme hallte von den Häusern wider, aber niemand antwortete ihm. „Hm, ausgeflogen, vielleicht sind sie alle bei einem Fest?“, dachte sich Georg. Und so machte er sich auf zum Tanzplatz der Stadt. Aber auch dort war niemand zu sehen. „Ich bin Georg, der Furchtlose“, versuchte es Georg noch einmal, „wo gibt es eine Jungfrau, die ich bei den Hörnern packen, einen Drachen, den ich retten, einen Teufel, dem ich Recht schaffen, äh ...“ „Oh“, sagte Georg, als ihm klar wurde, was er da für einen Unsinn geredet hatte, und war lieber erst mal still.

Plötzlich flog an einem Haus der Fensterladen auf. Ein verängstigtes Gesicht erschien darin und sah Georg misstrauisch an. „Wenn du all das bist, was du sagst, und tust, was du hier rumschreist, dann geh und pack diesen Teufel von Drachen bei den Hörnern, besiege ihn, rette die arme Jungfrau und schaffe mir Armem Recht, denn auch ich habe meinen Sohn an dieses

Ungeheuer verloren!“ Damit knallte der Fensterladen wieder zu. Georg war ein wenig ratlos.

„Hallo?“, fragte er dann zaghaft. „Halloho?“, versuchte er es noch einmal. „Es tut mir leid, so schnell konnte ich nicht mitschreiben, könntet Ihr das noch einmal wiederholen?“, fragte er in Richtung des Fensterladens. Nach einigen Augenblicken öffnete der sich wieder.

„Na gut, nochmal für Fremde und Langsame“, sagte der Mann. „Die Stadt wird seit Wochen von einem schrecklichen Drachen bedroht, der jeden Tag aus dem See vor den Toren steigt“, erzählte er. „Zunächst hat er uns mit seinem Feuer und seinem Giftatem die Luft zum Leben genommen.

Dann haben wir ihm jeden Tag zwei Schafe geopfert, die er verschlungen hat wie Bonbons. Und als wir keine Schafe mehr hatten, hat der König die Götter befragt, was wir nun tun sollen. Und die haben geantwortet, dass wir ihm nun jeden Tag einen Menschen opfern sollen. Mein Sohn war auch dabei, und der Drache hat auch ihn verschlungen, als wäre er Nachtisch. Heute nun ist das Los auf die Tochter des Königs gefallen. Eben haben sie sie vor die Stadt gebracht und am Felsen unten am See angekettet. Das Ungeheuer wird jeden Augenblick kommen, um sie zu verschlingen. Und der König hat angeordnet, dass ..." Aber den letzten Satz hörte Georg schon nicht mehr, weil er seinem Pferd die Sporen gab. „Danke, mein Herr", rief er dem Mann über die Schulter zu, „ich bin schon unterwegs!" Kopfschüttelnd sah der Mann Georg hinterher. Dann schloss er den Laden wieder.

Als Georg am anderen Ende der Stadt durch die Tore ritt und Kurs auf den See nahm, sah er die arme Königstocher angekettet am Felsen stehen. „Habt keine Angst, Tochter des Königs", rief er ihr zu, „ich werde euch befreien!" Und damit kam sein Pferd vor ihr zu stehen. Schnell nahm er ihr die Fesseln ab.

„Wer seid ihr?", fragte die Königstocher erstaunt, „dass ihr keine Angst vor dem Drachen habt?" Da warf sich Georg in die Brust: „Ich bin Georg, der Furchtlose! Ich packe Teufel bei den Hörnern, besiege Drachen ..." – doch weiter kam er nicht, weil der See anfing zu brodeln und zu kochen und sich mit einem Mal ein riesiger Drachenkopf daraus erhob. Er spie Feuer, dass es Georg beinah den Helm vom Kopf blies.

„Wer wagt es, mir mein Opfer zu nehmen?", fauchte der Drache und stieg an Land. Da erst sah Georg, wie groß der Drache wirklich war – und wie scharf seine Krallen, wie riesig seine Zähne und wie heiß sein Atem. „Äh“, stotterte er, „wie ich schon sagte, ich bin Georg“, dann musste er erst einmal schlucken, weil er doch ein bisschen Angst hatte. „Georg, der Furchtlose“, sagte er. „Ich, ich, ich packe Teufel bei den Hörnern, rette Jungfrauen, schaffe den Armen Recht ...“ Georg war immer leiser geworden. „Und manchmal, manchmal besiege ich auch Drachen“, flüsterte er schon fast. Da riss der Drache die Augen auf.

„Du bist Georg, der Drachentöter?“, fragte er entsetzt. „Ja, der bin ich“, sagte Georg schon etwas mutiger. „O, bitte, verschone mich!“, bettelte der Drache da plötzlich. „Du hast meine Familie beinah ausgelöscht, ich bin der Letzte, der noch lebt! Töte mich nicht, ich tue, was du willst!“, stotterte der Drache und legte seinen riesigen Kopf demütig vor Georg auf die Erde.

„Nun, äh, ja“, sagte Georg etwas verwirrt. „Dann habe ich jetzt gewonnen?“, frage er sicherheitshalber noch einmal nach. „Ich rühre keine Menschen mehr an, wenn du mich nur leben lässt“, sagte der Drache noch einmal. „Dann, dann ...“, überlegte Georg. „Prinzessin, gebt mir doch Euren Gürtel“, sagte er dann plötzlich zur Königstocher. Die schaute etwas verwirrt, gab ihm aber das Gewünschte. Eilig band Georg dem Drachen den Gürtel um den Hals. „Und nun kommst du mit, entschuldigst dich bei den Bewohnern von Silena und verschwindest dann von hier – auf Nimmerwiedersehen!“, rief er und zerrte den Drachen hinter sich her Richtung Stadt. „Kommt, Prinzessin, helft mir!“, sagte er und reichte ihr das andere Ende des Drachenhalsbandes. Fröhlich zogen die beiden nun mit dem Drachen an der Leine in der Stadt ein. „Der Drache kommt!“, riefen die Wächter zunächst voller Angst, doch bald hatten sie verstanden, dass er nun nicht mehr gefährlich war.

Nach und nach kamen alle Bewohner von Silena aus ihren Häusern und versammelten sich um den Drachen, um Georg und die Prinzessin.

Da kam der König ganz unmajestätisch die Gasse entlanggelaufen und nahm seine Tochter mit Tränen in den Augen in die Arme. „Georg, wie kann ich dir je danken, dass du meine Tochter, aber auch die ganze Stadt gerettet hast?“, fragte er, nachdem er die ganze Geschichte von seiner Tochter gehört hatte.

„Ich will kein Gold und kein Geld“, sagte Georg, „ich wünschte nur, ihr würdet nicht an Götter glauben, die euch befehlen, Menschen zu opfern. Glaubt an meinen Gott, an den Gott der Christen, er hat mich noch immer aus jeder Gefahr gerettet.

Jedes Mal, wenn ich einen Teufel bei den Hörnern ...“ „Ja, ja, schon gut“, sagte der König, der das Sprüchlein von Georg nun auch schon einige Male gehört hatte. „Das wollen wir nach dem heutigen Tag gerne tun. Kannst du uns nicht taufen?“, fragte er Georg. Und das tat dieser natürlich mit Freude!

Der Drache hatte die ganze Zeit reglos am Boden gelegen und nur ab und zu noch ein Rauchwölkchen ausgestoßen. Als er nun sah, wie sich alle Bewohner taufen ließen, seufzte er ein letztes Mal und starb. Vierzig Mann brauchte es, um den toten Drachen aus der Stadt zu ziehen. Und während die Stadtbewohner noch ausgelassen feierten, machte Georg sich wieder auf, um den nächsten Teufel bei den Hörnern zu packen, den nächsten Drachen zu besiegen, die nächste Jungfrau zu retten und dem nächsten Armen Recht zu schaffen.

Namenstag:
23. April

Mit Lucia geht die Sonne auf

Schon als Kind hatte Lucia ein großes Herz, in dem alle Menschen und Tiere Platz fanden, die es schwer hatten. Sie konnte an keinem Regenwurm vorbeigehen, ohne ihn vor dem Vertrocknen oder den Vögeln zu schützen, an keiner Katze, ohne sie zu streicheln. Und wenn sie mit ihrer Mutter durch die Stadt Syrakus ging und die armen und kranken Menschen am Wegrand betteln sah, riss sie sich von ihrer Hand los und ging zu ihnen, um sie wenigstens zu fragen, wie es ihnen geht. Für diese Menschen war Lucia wie ein Sonnenstrahl in ihrem Leben.
Mit ihrer Fröhlichkeit steckte sie jeden an, auch wenn er noch so traurig war.

Auch für Eutychia, ihre Mutter, war Lucia ein solcher Sonnenstrahl, denn ihr Mann war bald nach Lucias Geburt gestorben. Nun war sie allein mit dem Kind. Und selbst wenn ihr Mann ein reicher römischer Beamte gewesen war und sie nun nicht am Hungertuch nagen mussten, so litt sie doch schon lange an einer Krankheit, die ihr nach und nach das Leben aus den Adern zog. Aber egal, wie grau der Tag war und wie trüb die Aussichten für sie beide: Lucia schaffte es immer, ihre Mutter zum Lächeln zu bringen. „Meine Sonne", nannte sie Lucia daher liebevoll.

Eines Tages sagte Eutychia zu Lucia: „Nun wird es bald Zeit, dass du heiratest, meine Sonne. Ich werde immer älter und die Krankheit lässt mich von Tag zu Tag schwächer werden. Wenn du erst einen Mann hast, dann brauche ich mir um dich keine Sorgen mehr zu machen, und ich alleine werde schon irgendwie klarkommen."

Lucia war entsetzt. „Aber Mama, was soll ich mit einem Mann? Das mit dem Heiraten und Kinderkriegen ist nichts für mich. Es gibt so viele Menschen, denen ich helfen möchte, es gibt so viel zu tun, um die Welt ein kleines bisschen besser zu machen – da kann ich doch nicht die Hände in den Schoß legen, Kinder kriegen und hinterm Herd stehen!"

Nun war Eutychia entsetzt. „Aber Kind, wie kannst du so reden! Das ist nun mal dein Weg als Frau, da kann man nichts ..."
„Und ob man das kann, Mutter", unterbrach Lucia sie. „Wir sind doch Christen. Und ich kenne einige Christinnen, die so leben, eben ohne zu heiraten und ohne eigene Kinder. Es gibt so viele Waisen, die niemanden haben, der sich um sie kümmert. Für sie will ich da sein!"

Eutychia war zu schwach, um weiter gegen ihre Tochter zu kämpfen. Und so sagte sie nur: „Mal sehen, was kommt …“ Lucia hatte aber sehr genau zugehört und wollte alles dafür tun, dass sie niemanden heiraten musste – schon gar nicht irgend so einen reichen Kerl, der sie dann mit Schmuck und teuren Kleidern behängte und ansonsten im Haus einsperrte.

In der Zeit, als Lucia lebte, war es ganz schön gefährlich, Christ zu sein. Der römische Kaiser Diokletian ließ alle verfolgen und töten, die wie Jesus leben wollten und an seinen Gott glaubten. Die meisten Menschen sagten niemand etwas davon, dass sie Christen waren, und trafen sich nur heimlich mit anderen Gläubigen. Manche mussten sich sogar vor den Römern deswegen verstecken. Und weil sie nirgends wirklich sicher waren, hausten sie oft an den schauerlichsten Orten: in Höhlen und unterirdischen Gängen, manche sogar auf unterirdischen Friedhöfen, Katakomben genannt, denn bei den Toten würde sie niemand suchen.

Auch Lucia und ihre Mutter versteckten ihren Glauben an Jesus, aber sie taten alles dafür, so zu leben wie er. Und weil Eutychia so schwach war von ihrer Krankheit, kümmerte sich Lucia um alles. Jede Nacht packte sie große Körbe mit Brot und Wasser, Obst und anderen Lebensmitteln, aber auch mit Kerzen und Stoffen, damit die Menschen, die sich versteckt halten mussten, nicht froren und ein bisschen Licht hatten. „Ich könnte noch viel mehr tragen, wenn ich nicht immer die Kerze in der einen Hand halten müsste, damit ich im Dunklen nicht stolpere“, ärgerte Lucia sich zum x-ten Mal, als sie wieder einmal unterwegs zu ihren Freunden war. Da kam ihr eine Idee. Am nächsten Tag bastelte sie sich einen Kranz aus Zweigen, auf dem sie die Kerzen mit Nägeln feststeckte. Als es dunkel wurde und sie sich auf den Weg machte, zündete sie die Kerzen an und setzte sich den Kranz auf den Kopf. „Prima", freute sie sich, „jetzt kann ich zwei Körbe auf einmal tragen und sehe noch mehr als vorher!" Als sie in die Katakomben kam und so hellen Glanz verströmte, sagte einer ihrer Freunde: „Schaut, da kommt die Sonne!" Und so wurde Lucia auch für ihre Freunde zu „ihrer Sonne".

Eutychia ging es aber von Tag zu Tag schlechter. „Mama, du darfst nicht sterben", flüsterte Lucia an ihrem Bett. „Papa ist schon gegangen, ich habe niemanden auf der Welt außer dir! Bleib bei mir!" Eutychia fuhr ihr zärtlich mit der Hand über das Haar. „Meine Sonne, dann musst du für uns beide leuchten", sagte sie matt. „Aber ich habe dir etwas zu sagen", antwortete Eutychia und setzte sich mühsam im Bett auf. „Während du dich um deine Freunde gekümmert hast, habe ich mich um deine Zukunft gekümmert. Ich habe eine Abmachung mit Malchus getroffen, dem reichen Kaufmann, der gleich vorne am Markt wohnt. Er hat einen Sohn, der gerne bereit ist, dich zu heiraten." „Nein!", rief Lucia, „das werde ich nicht tun! Ich will nicht heiraten! Das wirst du mir nicht antun!" „Dies ist mein letzter Wille, Tochter, bitte schlag ihn mir nicht ab!", murmelte Eutychia erschöpft. Lucia kochte vor Wut, aber irgendwie tat ihr Eutychia auch leid. Sie hatte es nur gut gemeint und machte sich einfach Sorgen um sie.

Plötzlich musste Lucia lächeln. „Mutter, du willst doch noch nicht sterben, oder?", fragte sie vorsichtig. „Nein, aber wenn mein Leben so weitergeht, mit dieser Krankheit, dann möchte ich lieber sterben." „Und wenn du jetzt gesund würdest?", fragte Lucia. „Wie sollte das denn geschehen?", fragte Eutychia, „ich war schon bei allen Ärzten, die ich nur finden konnte, aber keiner konnte mich heilen." „Ich wüsste da noch eine Möglichkeit ...", sagte Lucia. Sie hatte neulich erst wieder von der heiligen Agathe gehört, deren Grab ganz in der Nähe, in Catania, lag. So viele Menschen waren wieder gesund geworden, nachdem sie dorthin gepilgert waren und zu ihr gebetet hatten. Das wollte Lucia nun auch versuchen.

„Mutter, lass uns nach Catania gehen, zum Grab der heiligen Agathe, sie wird dir helfen", schlug sie ihr vor. „Aber Lucia, Catania ist sieben Tagesreisen von hier entfernt, in meinem Zustand wahrscheinlich doppelt so viele!", protestierte Eutychia. „Und wenn ich dich dorthin trage, wir müssen es versuchen!", erwiderte Lucia. Eutychia überlegte. Dann zuckte sie mit den Schultern. „Schlimmer kann es nicht mehr werden als jetzt. Also lass es uns versuchen!"

„Da wäre noch etwas ...", Lucia schaute möglichst unschuldig an die Decke. „Was denn?", fragte Eutychia. „Du musst mir etwas versprechen, Mama", rückte Lucia heraus. „Wenn wir es bis Catania schaffen und du wirst wieder gesund, dann muss ich den Sohn von Malchus nicht heiraten." Eutychia war einfach nur müde. Und eigentlich glaubte sie sowieso nicht daran, dass sie die Pilgerreise überstehen werde, also willigte sie ein.

Wenige Tage später brachen die beiden nach Catania auf. Es wurde eine schrecklich anstrengende Reise, für beide, doch schließlich gelangten sie am Grab der heiligen Agathe an. Dort beteten sie lange und kehrten schließlich erschöpft in einer Pilgerherberge ein. Am nächsten Tag weckte Eutychia Lucia schon bei Tagesanbruch. „Lucia, wach auf!", flüsterte sie, „du wirst es nicht glauben!" Lucia rieb sich verschlafen die Augen. „Was ist denn, Mama? Ich habe gerade so schön geträumt! Du warst gesund und bist mit mir im Garten rumgesprungen …“ „Lucia, das war kein Traum!“, rief Eutychia da, „ich fühle, wie die Lebensgeister in meinen Körper zurückkehren. Schau“, und damit sprang sie vors Bett, „ich kann wieder alleine stehen!“ Lucia wusste gar nicht, ob sie weinen oder lachen sollte, aber sie nahm ihre Mutter fest in den Arm und tanzte mit ihr durchs Zimmer. „Du bist geheilt!“, rief sie fassungslos.

Schon am Nachmittag machten sie sich wieder auf den Rückweg nach Syrakus. Mit jedem Schritt schien es Eutychia besser zu gehen, und als sie zu Hause ankamen, sprang sie tatsächlich mit ihrer Tochter durch den Garten.

„Das werde ich dir nie vergessen, meine Tochter", sagte sie zu Lucia. „Und ich erinnere mich sehr gut, dass ich dir ein Versprechen gegeben habe. Morgen werde ich zu Malchus gehen und die Verlobung auflösen." Lucia war überglücklich. „Mama, ich habe noch eine andere Idee", sagte sie dann. „Lass uns das Geld, das wir bei der Mitgift für meine Hochzeit sparen, in ein Haus stecken, in dem wir die Kranken und Armen pflegen können." „Das ist eine gute Idee, meine Sonne", sagte Eutychia und strich ihrer Tochter liebevoll über die Wange. „So viele Menschen sind krank, so, wie ich es war. Und längst nicht alle werden gesund. Ihnen möchte ich ein Zuhause geben. Hier können sie leben – und wenn es so sein muss, dann auch sterben."

Nach wenigen Monaten war das Haus fertig und füllte sich beinahe schneller, als sie schauen konnten, mit armen und kranken Menschen. Doch für sie alle blieb Lucia ihre Sonne, die unermüdlich jeden Tag wieder für sie aufging – bis sie die Augen für immer schlossen.

Namenstag:
13. Dezember

Warum Meinrad alle Menschen gern hatte – auch die falschen …

„Ah, diese Einsamkeit, diese himmlische Ruhe“, dachte Meinrad und lächelte still in die Sonne. „Kraaah!“, krächzte es in diesem Moment vom Dach seiner Hütte, und noch einmal: „Kraaah!“ „Ruhe, da oben, ihr beiden Rabauken! Ich meditiere!“, rief Meinrad. Da kamen zwei Raben herabgesegelt und setzten sich rechts und links neben ihn auf die Bank, die vor seiner Hütte stand. Sie legten die Köpfe schief und schauten ihn aus ihren schwarzen Knopfaugen an. „Na gut, ihr habt recht: Wer kann schon beten, wenn andere Hunger haben. Kommt her, ich habe ein paar feine Körnchen für euch!“, sagte Meinrad und stand auf, um einen kleinen Napf zu füllen. Kaum fielen die Körner in die Schale, schon begannen die beiden Raben wild darin herumzuhacken. „Wenn es euch nicht gäbe, müsste ich euch erfinden“, sagte Meinrad mit einem Lächeln und fuhr einem der beiden sanft über das glänzende Gefieder.

Vor ein paar Jahren hatte er die Raben, als sie noch ganz klein waren, aus ihrem Nest vor dem Sperber gerettet, der drauf und dran war, sie einfach aufzufressen. Meinrad hatte sie aufgezogen, und seitdem waren die beiden seine ständigen Begleiter, wohin er auch ging. Am liebsten saßen sie rechts und links auf seiner Schulter und zogen ihn mit ihren großen Schnäbeln zärtlich am Ohr.

Meinrad ließ die beiden ihr Frühstück verspeisen und ging in die Kapelle, um zur Mutter Gottes zu beten. Nichts tat er lieber und nichts war ihm wichtiger – außer vielleicht dem Schmied, der beim Arbeiten einen Arm verloren hatte und jetzt nicht mehr wusste, wie er seine Familie ernähren sollte. Und natürlich die Wäscherin und ihre Kinder, die ohne Vater aufwachsen und schon von klein auf ihrer Mutter bei der Arbeit helfen mussten, um zu überleben. Und die alte Johanna, die niemand mehr hatte, der sich um sie kümmerte oder mit ihr sprach. Und dann noch all die anderen, die zu Meinrad kamen, um ihn um Rat zu bitten oder um einen Segen.

Meinrad war in einem Kloster auf der Insel Reichenau im Bodensee groß geworden. Als er alt genug war, wurde er Benediktinermönch. Schon damals wollte er eigentlich nur für Gott leben und sein Leben in der Einsamkeit mit beten verbringen. Aber immer kamen ihm die Menschen dazwischen! „Ich bringe es einfach nicht übers Herz, sie alleinzulassen mit ihrem Kummer, ihren Sorgen und Nöten, ihren Krankheiten an Leib und Seele“, sagte Meinrad seinem Abt immer wieder. Und die Menschen merkten, dass sie bei ihm alles fanden, was sie brauchten: ein offenes Ohr, eine tröstende Hand und meistens auch ein Säckchen Getreide oder ein warmes Fell, das über die schlimmste Kälte und den größten Hunger half. „Dann musst du von hier weggehen, Meinrad“, sagte ihm der Abt. „Wenn du allein sein willst und beten, musst du

das in der Einsamkeit tun, denn die Menschen werden immer wieder kommen, um in deiner Nähe zu sein." Und so packte Meinrad sein Bündel und ging auf den Etzelberg, der oberhalb vom Zürichsee liegt. Der Abt ließ ihn nur sehr ungern gehen. Er mochte Meinrad einfach so gerne und er wusste auch, dass die Menschen ihn sehr vermissen würden.

Am Anfang war Meinrad auf seinem Berg glücklich. Er konnte auf das glitzernde Wasser des Sees schauen und beten und allein sein. Doch schon bald hatte sich herumgesprochen, dass er hier oben seine Hütte gebaut hatte – und nach kurzer Zeit kamen die Menschen wieder in Scharen zu ihm. Also machte er sich wieder auf in die Einsamkeit. Und dieses Mal ging er so tief in den Wald hinein, dass ihn hier sicher niemand finden würde. Und da war er nun mit seinen beiden Raben.

Aber von irgendetwas musste Meinrad ja auch leben. Also machte er sich von seiner Einsiedelei immer wieder zum nächsten Dorf auf, um Lebensmittel zu kaufen oder um Brennholz, das er geschlagen hatte, gegen Felle oder Kleidung zu tauschen. Und so traf er den Schmied, die Wäscherin, die alte Johanna und all die anderen Menschen, die ihn sogleich ins Herz schlossen – und er sie. Sie besuchten ihn in seiner Hütte und kamen zum Beten in seine winzige Kapelle. Hier zündeten sie gemeinsam mit ihm eine Kerze für die Mutter Gottes an und baten sie um Hilfe für die, die ihnen am Herzen lagen.

Nach und nach kamen immer mehr Fremde, die nicht aus dem Dorf stammten, um Meinrad um seinen Segen zu bitten und mit ihm zu beten. Sie brachten ihm Geschenke mit, für die sich Meinrad artig bedankte. Dann packte er sie in seinen Beutel und ging ins Dorf, um sie der alten Johanna zu geben oder dem Schmied oder der Wäscherin. Sie alle brauchten es nötiger als er. Die einzigen Geschenke, die er behielt, waren die goldenen Kerzenleuchter, die er in die Kapelle stellte, zu Ehren von Maria.

Als Meinrad nun an diesem Morgen aus der Kapelle kam, sah er von Weitem zwei Gestalten auf dem Waldweg auf seine Hütte zuwandern. Seine beiden Raben ließen sich links und rechts auf seiner Schulter nieder und wisperten ihm ein leises „Kraaah!“ ins Ohr. „Ich weiß, ihr Lieben. Das meine ich auch: Diese beiden kommen nicht der Mutter Gottes Willen, sondern eher, um einmal zu schauen, wie golden denn die Leuchter sind, die ihr zu Ehren brennen, und ob sie davon nicht lieber den Armen etwas kaufen sollten. Und die Armen, das sind selbstverständlich sie selbst. Aber wir werden freundlich zu ihnen sein, so wie wir zu allen Menschen freundlich sind, weil ja auch Christus in ihnen wohnt, nicht wahr?“, fragte er die Vögel und streichelte ihre Schnäbel. Inzwischen waren die beiden Männer herangekommen.

„Seid gegrüßt, Pater Meinrad“, sagten sie, „wir haben schon so viel von Euch und Eurer Heiligkeit und Eurer Gastfreundschaft gehört, dass wir uns nun einmal selbst auf den beschwerlichen Weg gemacht haben, um Euren Segen zu erbitten“, und dabei senkten sie scheinbar demütig die Köpfe. „Und das müssen Eure berühmten Raben sein! Nein, wunderschön sind sie!“, sagte der eine und streckte seine Hand aus, um einem der Vögel über das Gefieder zu streicheln. „Kraaah“, machte der und pickte ihm mit aller Kraft in die Hand. „Aua, so ein blödes Biest ... äh, ich meine, was für ein schlaues Tier! Ich würde mich ja auch nicht einfach so streicheln lassen.“ Und dann lachte er gekünstelt und lutschte dabei an seiner verletzten Hand. Meinrad glaubte ihnen kein Wort, aber dennoch sagte er: „Ihr seid sicher müde von eurer Wanderung. Kommt doch erst einmal herein und setzt euch zu einem kühlen Krug Wasser. Es ist auch noch etwas Brot da und Käse. Stärkt euch und seid meine Gäste." Damit machte er eine einladende Geste und die beiden traten in seine bescheidene Hütte. Die Raben stoben von Meinrads Schulter und setzten sich wieder auf das Dach der Hütte. „Danke, das ist schrecklich freundlich von Euch", meinte einer der beiden. „Das Einzige, was schrecklich ist, ist deine Verlogenheit", grummelte Meinrad in seinen Bart, während er das Brot schnitt und den Käse würfelte.

„Sagt, Pater Meinrad, wir haben gehört, Eure Kapelle sei so wunderschön. Sie erstrahle im Glanz von Gold und Silber und sei der Himmelskönigin Maria mehr als würdig", sagte der Zweite. „Aha, wusste ich's doch, dass mein Segen ihnen so viel wert ist wie der Dreck unter ihren Fingernägeln", dachte Meinrad und stellte Käse und Brot auf den Tisch. „Die Menschen haben mir diese Gaben für die Gottesmutter gebracht. Sie wollten ihren Dank dafür ausdrücken, dass Maria ihnen geholfen oder sie vor Bösem bewahrt hat", sagte Meinrad. „Es sind schöne Dinge, ja, aber sie bedeuten mir nichts", fügte er hinzu. „Esst, ich hole euch noch frisches Wasser", sagte er und stand auf, um den Krug zu nehmen und hinaus zur Quelle zu gehen. Aus dem Augenwinkel sah er, wie einer dem anderen zunickte. Dann sprangen sie auf und zogen unter ihrem Hemd große Keulen hervor. Und ehe Meinrad noch „uff" sagen konnte, schlugen sie ihm beide gleichzeitig auf den Kopf. Wie ein gefällter Baum fiel Meinrad auf den Boden seiner Hütte und blieb blutend und leblos liegen.

„Los, schnell, das Gold aus der Kapelle!", rief der eine, und dann stürmten sie aus der Hütte. Doch sie hatten die Schwelle noch nicht übertreten, da fielen die beiden Raben über sie her. „Kraaah! Kraaah!", riefen sie und hackten nach ihren Händen und Armen. Sie setzten sich ihnen auf den Kopf und pickten nach ihren Augen. „Ihr dämlichen Biester, haut ab!", riefen die Räuber und fuchtelten wild mit den Armen, um die Vögel zu vertreiben. Die Raben ließen sich aber nicht abschütteln, und so nahmen die beiden irgendwann die Beine in die Hand und flüchteten. Sie rannten, als sei der Teufel hinter ihnen her. Doch wenn es auch nur die Raben waren, so ließen sie keine Möglichkeit aus, sich auf die Räuber zu stürzen und sie zu hacken und zu picken. So weit sie auch rannten, immer waren die Raben über ihnen und um sie herum und krächzten und krahten, dass sie kaum mehr zu Atem kamen. Die beiden Räuber rannten die ganze Strecke bis in die Stadt Zürich. Hier verschwanden sie in einer Wirtschaft und schlugen die Tür hinter sich zu.

„Uff, endlich geschafft! Die wären wir los!", sagte der eine völlig außer Atem zum anderen. „Los, Wirt, mach uns zwei Bier, wir sind durstig!", rief er dem Mann hinter der Theke zu. Der schaute sie mit schiefem Blick an, machte sich aber daran, ihnen ein Bier zu zapfen. Da ging die Tür auf und mit dem nächsten Gast flogen die beiden Raben herein und stürzten sich sofort wieder mit Geschrei und Gezeter auf die beiden Räuber. „Das sind doch Pater Meinrads Raben!“, sagte der Wirt verblüfft. „Was habt ihr ausgefressen, ihr beiden Schurken!“, rief er, packte die beiden am Kragen, verpasste ihnen eine Ohrfeige und zerrte sie vor seine Wirtschaft. „Los, geh und hol die Stadtwachen!“, sagte er zu einem der anderen Gäste, „ich passe so lange auf sie auf.“

Bald darauf kamen zwei Stadtwachen und unter weiteren Ohrfeigen und Geschrei pressten sie aus den beiden heraus, was geschehen war. Dann machten sie sich auf in den Wald und fanden Pater Meinrad tot in seiner Hütte. Sie begruben ihn gleich neben seiner geliebten Kapelle und die beiden Raben wurden zum Wächter seines Grabes.

Die Menschen waren untröstlich, dass sie „ihren“ Pater Meinrad verloren hatten, und pilgerten in Scharen zu seinem Grab. Kurze Zeit später errichtete man eine Kirche darüber und schließlich ein Kloster. Und heute noch kann man es in der Stadt Einsiedeln in der Schweiz bewundern, die nach der Einsiedelei des Pater Meinrad benannt wurde. Seine Raben aber haben ihren Platz auf der Flagge „seiner“ Stadt gefunden.

Namenstag:
21. Januar

Klara teilt aus

Klara von Assisi war so etwas wie die kleine Schwester von Franziskus. Sie konnte zwar nicht mit den Tieren reden, aber dafür umso besser mit den Menschen. Wie Franziskus war auch ihre Familie sehr reich und angesehen, aber Klara wollte das Geld nicht – und heiraten wollte sie auch nicht. Eines Nachts schlich sie daher einfach von zu Hause weg und ging zu Franziskus. Sie klopfte an die Tür seines kleinen Klosters und sagte: „Hilf mir, Franziskus, bitte! Ich habe dich predigen gehört und sehe, wie du mit den Menschen und den Tieren umgehst – so will ich auch leben!“ Franziskus musste sich erst einmal den Schlaf aus den Augen reiben, und er war auch ziemlich verblüfft, mitten in der Nacht so eine junge Frau vor seiner Tür zu finden. „Komm mal rein, dann reden wir weiter“, sagte er freundlich und öffnete die Tür. Die beiden sprachen die ganze Nacht, und als es endlich hell wurde und die Vögel anfingen zu singen, war Franziskus überzeugt: Klara meinte, was sie sagte. „Wenn das so ist, dann gebe ich dir jetzt ein neues Gewand, und zum Zeichen, dass du es ernst meinst mit deinem neuen Leben, werde ich dir die Haare abschneiden. Bist du damit einverstanden?“, fragte Franziskus. Klara nickte und lächelte. Endlich ein Mann, der sie verstand!

Am Morgen hatte Klaras Mutter sie wecken wollen, aber nur ihr leeres Bett gefunden. „Wo mag sie nur sein? Hoffentlich ist ihr nichts passiert!“, dachte sie und machte sich zusammen mit den anderen auf die Suche. In einem so kleinen Ort wie Assisi kannte aber jeder jeden, und was die Vögel nicht schon von den Dächern pfiffen, erzählte die Weberin, die gleich neben dem Kloster wohnte, der Bäckerin und die wiederum allen, die in den Bäckerladen kamen. Und schwuppdiwupp wusste Klaras Familie, dass sie bei Franziskus war. Die Eltern waren empört!

„Was will sie bei Franziskus! Sie ist dem Kaufmannssohn versprochen, das kann sie uns nicht antun!“, sagte ihre Mutter. Und so gingen sie zur Klosterpforte und klopften feste.
Als Franziskus ihnen öffnete, herrschte Klaras Vater ihn an: „Los, gib uns sofort unsere Tochter heraus, die du mit deinen Ideen vergiftet hast! Sie hat etwas Besseres verdient, als ohne Schuhe und in Lumpen durch die Gegend zu laufen wie du und sich das Essen von den faulen Drückebergern auf der Straße wegnehmen zu lassen!“ Franziskus sagte nichts und öffnete

nur die Tür ein Stückchen weiter, sodass alle Klara sehen konnten, die hinter ihm stand. Als ihr Vater den kahlrasierten Schädel seiner Tochter sah, fiel er vor Schreck fast um. „Du bist nicht länger unsere Tochter!“, rief er. „Was hat er nur mit dir gemacht?“ „Vater, nicht er, sondern ich“, antwortete Klara sanft. „Ich möchte so leben, und damit müsst ihr leben.“

Es dauerte eine ganze Zeit, aber irgendwann verstanden alle, dass es Klara glücklich machte, dort zu sein, wo sie war. Die Nachricht hatte sich schnell herumgesprochen, und schon bald kamen immer mehr Frauen zu Franziskus, die sich Klara anschließen wollten. „Das wird mir dann doch zu viel Weibsvolk“, sagte sich Franziskus irgendwann, „sie sollen ihr eigenes Kloster haben.“ Und so konnte Klara schließlich mit ihren Schwestern in San Damiano, einem kleinen Kirchlein und einem kleinen Kloster, einziehen.

Klara liebte die Menschen. Sie sorgte gemeinsam mit Franziskus für die Armen und Kranken, kümmerte sich um Witwen und Waisen und gab buchstäblich ihr letztes Hemd für andere. Besonders aber liebte sie ihre Mitschwestern im Kloster, und auch, wenn sie dort bald zur Priorin gewählt wurde und den anderen vorstehen sollte, war sie wie eine Mutter zu ihnen. Für viele war das Leben im Kloster ganz schön schwierig, denn einige der Mitschwestern von Klara kamen wie sie aus reichen Familien. Sie waren es gewohnt, alles zu haben, was sie sich denken konnten: schöne Kleider, genug zu essen, Freunde und Familie. Hier im Kloster schliefen sie nun auf Strohsäcken auf der Erde, hatten nur ein Kleid, das außerdem noch ziemlich rau war, und sie mussten arbeiten, um etwas zu essen zu haben. Aber auch die Schwestern, die die Armut gewohnt waren, fühlten sich oft einsam, so ganz ohne ihre Familie.

Daher klopfte es häufiger nachts an die Zellentür von Klara – und davor stand eine weinende Schwester, die vor Heimweh nicht schlafen konnte. Klara nahm sie in den Arm und tröstete sie. Sie hörte sich allen Kummer an. Und wenn dann die Tränen ein wenig getrocknet waren, schickte Klara sie wieder in ihre Zelle mit den Worten: „Sei nicht traurig. Morgen, wenn die Sonne aufgeht und dir warm auf das Gesicht scheint, wenn du spürst, wie der neue Tag erwacht, wirst du merken, dass Gott dich in seiner Hand hält bei allem, was du tust, und du wirst lächeln." Und so war es dann auch.

Je mehr Frauen nach San Damiano kamen, desto schwieriger wurde es für Klara, genug zu essen für alle zu beschaffen. Und so kam es vor, dass sie über Tage nichts mehr als ein Stückchen Brot hatten und oft genug hungrig ins Bett gehen mussten. An einem solchen Tag waren die Schwestern der Verzweiflung nah, weil sie am Abend nichts weiter auszuteilen hatten als einen winzigen Brotlaib, der selbst für zwei Menschen schon wenig gewesen wäre. „Klara, was sollen wir tun?", fragten sie. „Wir haben seit drei Tagen so gut wie nichts gegessen. Nachts können wir vor Hunger nicht schlafen. Und wenn es so weitergeht, können wir nicht mal mehr im Garten arbeiten, weil wir zu schwach sind dafür! Wenn wir jetzt dieses winzige bisschen Brot verteilen, bekommt keiner genug. Sollen wir es nicht lieber nur an zwei Schwestern ausgeben, die dann morgen stark genug sind, um Vorräte zu beschaffen? Sie könnten zu den Dorfbewohnern gehen und sie um Hilfe bitten."

„Das kommt überhaupt nicht in Frage", antwortete Klara streng. „Entweder bekommen alle etwas oder keiner!" Die Schwestern zogen die Köpfe ein. Klara wurde eigentlich nie laut, das waren sie nicht gewohnt. Dann begannen sie untereinander zu tuscheln:

„Wie soll das denn gehen? Von Gottvertrauen allein ist noch keiner satt geworden“, sagten die einen, „will sie uns alle verhungern lassen? Wir sind kein Friedhof, sondern ein Kloster!“, die anderen.

Klara hatte gute Ohren und jede Menge im Kopf. „Kommt alle mal her und setzt euch, ich muss euch etwas erzählen.“ Widerstrebend kam eine nach der anderen herbei. Dann sagte Klara ganz ruhig: „Ihr seid alle hier, weil ihr leben wollt wie Jesus. Jesus hatte kein Zuhause – ihr habt eines. Ihr seid hier, weil ihr seine frohe Botschaft verkünden wollt – erinnert ihr euch denn, was diese Botschaft war? Jesus hat einmal gesagt: ‚Sorgt euch nicht, was ihr morgen essen und trinken sollt, wo ihr sein werdet und was ihr anziehen sollt. Seht die Lilien auf dem Feld und die Vögel am Himmel: Sie sorgen sich auch nicht, und doch haben sie ein Kleid, das sie tragen können, und jeden Tag genug zu essen.‘ Erinnert ihr euch daran? Und es gibt noch eine zweite Geschichte in der Bibel, in der auch viel von seiner frohen Botschaft steckt: Da kommen fünftausend Menschen, um Jesus zuzuhören, und als es Abend wird, haben alle Hunger. Die Jünger gehen zu Jesus und sagen zu ihm: ‚Du, wir haben nur zwei Fische und fünf Brote, davon können nicht alle satt werden. Schick die Menschen weg, sie sollen bei den Bauern in der Umgebung nach Essen fragen.‘ Aber Jesus schickt keinen Einzigen weg. Er bricht das Brot und zerteilt die Fische und spricht einen Segen darüber. Dann verteilt er alles – und sie werden satt! Fünftausend Menschen! Und das nur, weil sie Jesus vertraut haben und weil sie bereit waren zu teilen. Ihr seid hier, um wie Jesus zu leben – dann lasst uns das auch tun! Und jetzt teilen wir das Brot an alle aus, so klein es auch ist.“

Die Schwestern sahen ein wenig betreten auf den Boden – Klara hatte ja recht! Aber das mit dem Brot und den fünftausend Menschen, das war eine alte Geschichte, das war damals passiert, als Jesus noch lebte. Heute würde das winzige Brot einfach nicht reichen, damit alle satt wurden. Die Schwestern seufzten und machten sich auf eine weitere schlaflose Nacht gefasst, in der ihnen der Hunger wieder in den Bauch und ins Herz kriechen würde. Dennoch nahmen sie die Brotkörbe und teilten den Brotlaib in möglichst kleine Stücke, damit jeder zumindest etwas bekommen würde, auf dem er für einen Augenblick herumkauen konnte. Klara sprach den Segen über den Brotstücken und dann verteilten die Schwestern alles. Sie saßen zusammen und sprachen über das,

was Klara eben gesagt hatte. Und je länger sie saßen, desto fröhlicher wurden sie. Die Zeit flog dahin und plötzlich schlug die Glocke zur letzten Betzeit des Tages. „Komisch, irgendwie habe ich gar keinen Hunger mehr“, sagte die eine zur anderen. „Und ich habe das Gefühl, als hätte ich lange nicht mehr so viel zu Abend gegessen!“, meinte die andere. Schnell sammelten sie die Brotkörbe ein, um dann gemeinsam in die Kirche zu gehen.

„Das kann nicht sein!“, hörte man plötzlich eine Schwester sagen. „Schaut! Nicht nur, dass überhaupt von diesem winzigen Brotlaib noch etwas übrig ist, es sind mehr als drei Körbe voll! Und nicht eine von uns muss hungrig ins Bett gehen!“

Die Schwestern standen wie angewurzelt und schauten Klara aus großen Augen an. Doch Klara lächelte nur. „Habe ich es euch nicht gesagt? Wer teilt, bekommt mehr zurück, als er gegeben hat. Und wer sich nicht zu viele Sorgen macht, der bekommt so oft alles geschenkt. Und jetzt: Seid nicht weiter traurig. Morgen, wenn die Sonne aufgeht und euch warm auf das Gesicht scheint, wenn ihr spürt, wie der neue Tag erwacht, werdet ihr merken, dass Gott euch in seiner Hand hält bei allem, was ihr tut, und ihr werdet lächeln.“ Und dann gingen alle gemeinsam zum letzten Gebet des Tages. Dabei lag ein Schimmer auf ihren Gesichtern, der heller strahlte als alle Kerzen in der Kirche.

Namenstag:
11. August

Wie Hubertus seine Trauer verjagte

Hubertus war wütend. Und traurig. Und dann beides zusammen. „Wie kannst du das zulassen, Gott?“, brüllte er. Hubertus stand auf seinem Lieblingsberg und schaute auf das Tal unter ihm. Weit hinten am Horizont konnte er den Rauch aus den Hütten seines Dorfes aufsteigen sehen. Doch dahin würde er nicht mehr zurückkehren. Sein Platz war jetzt hier in der Einsamkeit des Waldes. Denn da unten, noch hinter den Hütten, war der kleine Friedhof, wo seine Frau jetzt in einem kalten Grab lag. „Wie konntest du nur?“, brüllte Hubertus noch einmal über das ganze Tal. Der Priester und alle hatten ihm gesagt, dass er nur feste und oft genug beten müsse, dann werde seine Frau wieder gesund. War sie aber nicht! Sie war in seinem Arm gestorben und hatte ihn allein zurückgelassen. Dabei hatte er so viel gebetet! Alles tat ihm weh, sein ganzer Körper und vor allem seine Seele. Er konnte es noch immer nicht so wirklich begreifen, was da geschehen war.

Nach der Beerdigung hatte er ein Bündel mit Vorrat gepackt, sein Pferd gesattelt, seinen Bogen umgehangen und war aus dem Dorf geritten. „Hubertus, wohin willst du?“, hatten ihn die Nachbarn besorgt gefragt. „Weg!“, hatte er sie angebellt, „weg von diesem Grab, weg von euch, weg von diesem Priester. Ihr alle habt gelogen! Hier kann ich nicht mehr leben.“ Und damit hatte er seinem Pferd die Sporen gegeben. Nun lebte er in seiner kleinen Jagdhütte auf seinem Lieblingsberg mitten in den Ardennen. Aber die Wut blieb. Und traurig war er noch immer. Und es tat ihm auch immer noch alles weh.

„Wenn es dir so egal ist, was mit deinen Geschöpfen passiert, dann spielt es doch auch keine Rolle, ob sie tot oder lebendig sind!“, rief Hubertus in den Wind. Ob Gott ihn wohl hörte? Das wollte er ausprobieren!

Er sattelte sein Pferd und schnallte sich den Köcher mit den spitzen Pfeilen auf den Rücken. Dann nahm er den Bogen und saß auf. Hubertus ritt tief in den Wald hinein und erlegte mit seinen Pfeilen innerhalb von kurzer Zeit einen Fuchs, drei Kaninchen und ein Frischling, der so dumm gewesen war, sich am Tag auf den Weg nach etwas zu fressen zu machen. Bei jedem tödlichen Schuss dachte Hubertus: „Das ist für meine Frau! Wenn sie nicht leben darf, dann du auch nicht!“

An diesem Tag nahm er seine Beute mit nach Hause und zog allen das Fell ab. Dann machte er Feuer und kochte eines der Kaninchen in einem Kessel darüber. Die anderen Tiere hing er an Haken in den Schuppen hinter seiner Hütte. „So habe ich immer genug zu essen“, dachte er sich. Aber als das Kaninchen über dem Feuer zu duften begann und er es aus dem Kessel nahm, war ihm aller Appetit vergangen. „Ich kann nichts essen.

Das Herz tut mir so weh, wie sollte ich da einen Bissen hinunterschlucken?“, dachte er sich. Also tat er das Kaninchen wieder zurück in den Kessel. „Dann esse ich es eben morgen“, beschloss Hubertus.

Doch auch am nächsten Tag hatte er keinen Hunger. Aber die Wut tobte immer noch in seinem Bauch. Und traurig war er auch. Daher sattelte er wieder sein Pferd und ging auf die Jagd. Dieses Mal erlegte er ein Reh und zwei Hasen, außerdem einen Fasan und eine Ente. Wieder nahm er die Beute mit nach Hause und hing sie in den Schuppen hinter seiner Hütte. Und wieder bekam er keinen Bissen hinunter, der Hals war ihm wie zugeschnürt.

Auch am nächsten und am übernächsten Tag ging er auf die Jagd, doch dieses Mal ließ er die toten Tiere gleich im Wald liegen. Er würde sie sowieso nicht essen. Und so ging es auch die kommenden Wochen, bis Hubertus beinahe kein einziges Tier mehr im Wald fand, weil er sie alle getötet hatte. Doch die Wut in seinem Bauch und der Schmerz in seinem Herzen wurden einfach nicht kleiner.

Eines Abends, als er müde auf seinem Pferd Richtung Hütte trabte, trat ein riesiger Hirsch auf den Weg. Er hatte zwölf Enden an seinem Geweih und war das schönste Tier, das Hubertus je gesehen hatte. Er glaubte fast, ein Leuchten um den Kopf des Hirsches zu sehen. Sofort nahm er mit einer Hand den Bogen von der Schulter, während er mit der anderen einen Pfeil aus dem Köcher zog und in den Bogen legte. Er zielte genau zwischen die Hörner, ließ die Sehne schnellen – und hatte danebengeschossen. Noch ehe er das begriff, war der Hirsch im Unterholz verschwunden. „So ein Mist! Dieses Geweih hätte ich mir gerne an den Giebel meiner Hütte gehängt“,

dachte Hubertus. „Ein so prächtiges Tier ist mir in meinem ganzen Leben noch nicht untergekommen.“ Hubertus nahm die Zügel in die Hand und jagte dem Hirsch ins Unterholz hinterher. Doch er fand keine Spur, die er hätte verfolgen können. „Wir sehen uns wieder“, rief er dem Hirsch hinterher, „und für dich persönlich wird es das Letzte sein, was du siehst!“
Dann machte er sich auf den Heimweg.

Am nächsten Tag suchte er nach dem Hirsch, aber er blieb verschwunden. Nicht einmal eine Fährte konnte er von ihm finden. Als er abends auf dem Heimweg war, trat der Hirsch an der gleichen Stelle wieder aus dem Wald. Und wieder war da das Schimmern, das ihn umgab. Hubertus war ganz aufgeregt und griff nach Bogen und Pfeilen, aber dieses Leuchten um den Hirsch ließ ihn einen Augenblick zu lange zögern. Als er seinen Pfeil abschoss, war der Hirsch im Unterholz verschwunden. Hubertus setzte ihm nach. „Los, lauf, wie du in deinem ganzen Leben noch nicht gelaufen bist!“, trieb er sein Pferd an. Ein paarmal leuchtete es zwischen den Zweigen auf, doch immer, wenn Hubertus seinen Pfeil abschoss, ging er ins Leere.
Vor lauter Jagdfieber war er so tief in den Wald geritten wie noch nie zuvor. Hier kannte er sich überhaupt nicht aus!

Inzwischen war die Dämmerung gefallen und die Tannen standen so dicht, dass er seine eigene Hand kaum mehr vor Augen sah. Dann blitze wieder das Leuchten zwischen den Bäumen auf. Hubertus riss noch einmal sein Pferd herum und preschte darauf zu. Da stand er plötzlich auf einer Lichtung und mittendrauf im weichen Moos der Hirsch, der ihn unverwandt ansah.

„Jetzt gibt es kein Entkommen mehr!“, flüsterte Hubertus und legte seinen letzten Pfeil auf die Sehne. Er spannte den Bogen, kniff ein Auge zu und zielte wiederum mitten zwischen die Augen des wunderschönen Tieres. Da kam das Leuchten wieder um den Hirsch, und plötzlich erkannte er zwischen den Ästen seines Geweihs ein Kreuz, wie er es in der Kirche in seinem kleinen Dorf gesehen hatte. Hubertus zwinkerte mit den Augen – das konnte

nicht sein, das musste er sich einbilden! Wieder zielte er zwischen die Augen. Doch bevor er die Sehne loslassen konnte, hörte er eine Stimme, die zu ihm sprach: „Hubertus, töte mich nicht. Und hör auch auf, die anderen Tiere zu töten. Sie können nichts dafür, dass deine Frau gestorben ist. Wenn die Tiere sterben, wird sie davon auch nicht mehr lebendig." Hubertus ließ den Bogen sinken und starrte auf den Hirsch. Noch immer umgab ihn dieses Leuchten und noch immer erkannte er das Kreuz, das aus seiner Stirn zu wachsen schien.

„Hubertus, Menschen sterben nun einmal. Auch du wirst irgendwann sterben", sagte die Stimme wieder. „Das wirst du nicht verhindern können, und wenn du noch so viel betest. Aber der Tod ist nicht das Ende. Die Liebe ist stärker als der Tod. Und deine Frau hat dir ihre ganze Liebe geschenkt. Gib sie weiter an die Menschen und die Tiere, die dir begegnen. Für deine Frau kannst du nichts mehr tun. Sie ist bei Gott. Aber für die anderen Menschen und Tiere kannst du etwas tun. Begegne ihnen mit Liebe, denn auch sie wollen nur leben, so wie du auch."

Damit verstummte die Stimme. Hubertus aber warf seinen Bogen weg, ging auf den Hirsch zu und umarmte ihn. Er legte seinen Kopf an seinen Hals und weinte und weinte. All die

Wut, all seine Einsamkeit, alle Traurigkeit weinte er in das Fell des Hirsches, bis keine Tränen mehr da waren. Dann schaute er auf und der Hirsch sah ihn mit seinen großen glänzenden Augen aufmerksam an. „Ich werde nie wieder ein Tier töten, wenn ich nicht muss oder nur aus Spaß“, sagte Hubertus zu ihm. „Und ich werde auch darauf achtgeben, dass kein anderer Mensch das tut, das verspreche ich dir.“ Der Glanz um den Hirsch wurde mit einem Mal so hell, dass Hubertus sich die Augen zuhalten musste. Als er sie wieder öffnete, war der Hirsch verschwunden.

Hubertus schwang sich auf sein Pferd und jagte zurück zu seiner Hütte. Dann packte er sein Bündel, begrub die Tiere, die noch in seinem Schuppen hingen, in der Erde und schloss die Tür hinter sich ab. „Nun ist es Zeit, wieder zu den Menschen zurückzukehren“, dachte er. „Sie brauchen mich. Und auch die Tiere brauchen mich, damit ich auf sie achtgebe.“ Und das tat er dann auch.

Bald war er im ganzen Land als einer bekannt, der sich um die Menschen genauso wie um die Tiere sorgte. Hubertus wurde Mönch, und weil ihn alle so liebhatten, wurde er später sogar zum Bischof von Lüttich gewählt.

Namenstag:
3. November

Was Antonius nur den Fischen erzählte

Antonius war in der ganzen Welt zu Hause. In Spanien kam er auf die Welt, aber dann wurde er Mönch und reiste nach Marokko. Auf der Rückfahrt geriet er mit seinem Schiff in einen Sturm, und als das Boot kaputtging, landete er als Schiffsbrüchiger schließlich in Sizilien. Von dort aus reiste er nach Padua. Und hier fand er erst einmal so etwas wie ein Zuhause.

Antonius hatte viel von Franziskus gehört, und schließlich war er in den Orden eingetreten, den Franziskus gegründet hatte. Antonius ist ihm sogar einmal selbst begegnet! Und ein bisschen ähnlich waren sich die beiden schon …

Das Erste, was Antonius als Kind lernte, war reden – lange, bevor er laufen konnte. Er hatte immer etwas zu erzählen, und wenn gerade keiner da war, der ihm zuhören konnte, dann sagte er es der Katze oder dem Hund, dem Spatz auf dem Dach oder

dem kleinen Stoffbär, den er überall hin mitschleppte. Und wer ganz genau hinsah, konnte erkennen, dass es der Katze gefiel, was Antonius ihr erzählte. Sie schien ab und zu zu nicken und manchmal maunzte sie fröhlich, als würde sie ihm antworten.

Als Antonius jetzt in Padua lebte, gab es dort viele Menschen, die nicht an Jesus glaubten. Das konnte nicht so bleiben, dachte er. Und da er noch immer gerne mit Menschen und Tieren redete, begann Antonius zu predigen – auf Dorfplätzen, in den Kirchen, auf Wiesen und Äckern, eben immer da, wo ein paar Menschen zusammengekommen waren. Und wenn auch nicht immer alles so spannend war, was er sagte, hörten die Menschen ihm gerne zu. Antonius hatte so eine Art, etwas zu erzählen, dass es fast unmöglich war, wegzuhören. Manchmal redete er vor Leuten, die seine Sprache gar nicht konnten, und trotzdem waren sie begeistert von ihm – weil es so schön klang, wenn er etwas sagte.

„Die sind ja alle lieb und nett“, dachte sich Antonius manchmal, „aber ich könnte ihnen auch etwas übers Eierlegen erzählen, sie würden es nicht einmal merken.“ Manchmal konnte er nicht anders, als seine Zuhörer auf die Probe zu stellen. Dann erzählte er ihnen ein neues Gleichnis, das er eben erfunden hatte, zum Beispiel über das Eierlegen. Und statt aufzuspringen und zu protestieren, saßen alle da und hörten ihm selig lächelnd zu. Auf dem einen oder anderen Gesicht sah Antonius vielleicht mal ein Stirnrunzeln, aber sonst tat sich nichts.

„Ich muss aufpassen“, dacht er, „das ist eine gefährliche Gabe! Nicht, dass am Ende irgendwer behauptet, das Gleichnis vom Eierlegen stünde in der Bibel!“ Er war ein fröhlicher Mensch, der immer für einen Spaß zu haben war. Aber wenn es um Jesus ging, hörte für ihn irgendwann der Spaß auf.

An einem Sonntag reiste Antonius einmal nach Rimini und wollte hier den Bürgern der Stadt predigen. Die Menschen dort wussten, dass er kommen würde, und hatten schon auf ihn gewartet. So fand er eine recht große Menschenmenge auf dem Marktplatz versammelt, als er endlich durch das Stadttor schritt. Für die wartenden Leute war heute ein ganz besonderer Tag, den sie deswegen auch ordentlich feiern wollten. Außerdem waren viele von ihnen von weiter her angereist, um Antonius hören zu können, und hatten nun ihre Brote und Oliven, ihren Käse und die Tomaten ausgepackt, um sich erst einmal zu stärken. Als Antonius jetzt auf ein Podest stieg, damit ihn alle hören konnten, kam es ihm vor, als stehe er inmitten eines Jahrmarktes: Hier wurde gelacht und gestritten, dort tauschte man Waren, andere wiederum waren mit Essen und Trinken beschäftigt. Irgendwie schien sich niemand für ihn zu interessieren.

„Hört, ihr Bewohner von Rimini“, rief Antonius laut. Das Gemurmel auf dem Platz wurde ein bisschen leiser und einige Köpfe wandten sich in seine Richtung. „Hört, was ich euch über unseren Herrn Jesus zu berichten habe!“, sagte Antonius, so laut er konnte. Nach ein paar Sekunden war es beinahe still geworden. Antonius freute sich und begann mit seiner Predigt. Aber er war erst ein paar Sätze weit gekommen, als das Gemurmel wieder losging. Er hörte Flaschenkorken ploppen und leises Gelächter aus den letzten Reihen. Das konnte doch nicht wahr sein!

„Hört, ihr Bewohner von Rimini! Was ich euch zu sagen habe, ist wichtig! Es wird euer Leben verändern!“, rief Antonius noch einmal laut. Im selben Moment wurde es wieder still. „Hä-rem“, machte Antonius, strich sich die Haare glatt, schob seine Ärmel nach oben und fuhr mit seiner Predigt fort. Doch irgendwie

waren die Leute von Rimini an diesem Morgen mehr daran interessiert, wie man wohl dieses köstliche Brot backte, das der Nachbar mit auf den Marktplatz gebracht hatte, und wie groß die Kinder der Cousine geworden waren, die heute extra angereist war. Alle freuten sich wie immer über die schöne Stimme von Antonius. Und auch das, was er sagte, war sicher spannend, aber man konnte ihn so schlecht verstehen. Daher redeten die Menschen einfach mit ihrem Nachbarn weiter über ihre Schafherden und wie niedrig der Wollpreis im Augenblick war.

Antonius machte noch ein paarmal laut „Hä-rem!“, fuhr sich über die Haare und schob seine Ärmel rauf, aber irgendwann musste er sich eingestehen, dass ihm niemand zuhörte. Selbst das Gleichnis vom Eierlegen löste heute nicht mal Stirnrunzeln aus. Plötzlich platze ihm der Kragen: „Ihr Kleingläubigen! Ihr Händler! Ihr Schwätzer!“, rief er über den Platz. Und jetzt war es plötzlich mucksmäuschenstill. „Ich sollte euch vertreiben, wie Jesus die Händler aus dem Tempel getrieben hat! Geht doch nach Hause und lebt einfach so weiter, jeder für sich, ohne links und rechts zu schauen! Wenn es in eurem Leben nichts Wichtigeres gibt als Schafsherden, Wollpreise und dass ihr euch den Bauch vollschlagen könnt, seid ihr meine Worte nicht wert!“

Antonius hatte einen ganz roten Kopf bekommen, so kochte er. Und seine Haare waren auch schrecklich in Unordnung geraten.

Die Leute von Rimini schauten jetzt betreten auf ihre Schuhe und Zehen. Antonius aber hatte die Nase voll. Er hüpfte von seinem Podest, schob sich die Ärmel hoch und bahnte sich einen Weg durch die Menge Richtung Stadttor. Dort blieb er noch einmal stehen. „Pff“, machte er, „wenn es euch so wenig interessiert, was ich zu sagen habe, dann erzähle ich es halt den Fischen. Die können wenigstens zuhören!“ „Die können ja auch nicht weglaufen“, hörte man eine leise Stimme antworten. „Pah!“, sagte Antonius, „ich gehe! Macht, was ihr wollt!“ Damit drehte er sich um seine eigene Achse und marschierte aus dem Stadttor hinaus, hinunter ans Meer.

Hier stellte er sich tatsächlich ans Ufer und fing seine Predigt noch einmal von vorne an. Und ihr werdet es nicht glauben: Erst kamen die Katzen, die hier herumstreunten, und setzten

sich Antonius zu Füßen. Wie schon damals, als er Kind war, maunzten sie manchmal fröhlich und es schien wirklich, als würden sie ihn verstehen. Dann streckten die Krebse und die Seepferdchen den Kopf aus dem Wasser und am Ende sogar die Fische. Sie alle hörten der Predigt des Antonius andächtig zu. Als er fertig war, meinte Antonius so etwas wie einen „Flossenapplaus" zu hören. Endlich war seine Wut verraucht. Er fuhr sich über die zerstrubbelten Haare, setzte sich in den Sand und streichelte die Katzen. „Doch noch ein guter Tag", dachte er, „und jetzt wissen sogar die Fische, dass Jesus sie liebt!"

Namenstag:
13. Juni

Florian ist Feuer und Flamme

Florian lebte vor langer Zeit mit seinen Eltern in der Nähe von Wien. Er hatte viele Freunde, mit denen er den ganzen Tag auf der Gasse spielte. Und auch die Erwachsenen hatten ihn gern, weil er immer so fröhlich war. Er sah schon so lustig aus mit seinem roten Haarschopf und den vielen Sommersprossen auf der Nase. Außerdem half er gerne aus, wenn es etwas zu tun gab: das Heu einholen oder Ziegen hüten, Schafe melken oder Teppichweben – irgendwie hatte er so geschickte Hände, dass man ihn für alles anstellen konnte.

Feuer fand Florian schon immer ganz spannend. Als Kind saß er oft vor dem Ofen und starrte in die Flammen. „Als ob sie lebendig wären!“, dachte er und schaute zu, wie sie ihren seltsamen Feuertanz aufführten. „Oder wie Zungen, die mir was erzählen“, überlegte er weiter. „Es knistert und knackt und zischt auch so, als ob sie ihre eigene Sprache hätten.“

„Flooooorian“, rief seine Mutter eines Tages. Florian saß im Hof und bastelte gerade an einem Stück Holz herum, das einmal sein Schwert werden sollte. Deshalb hatte er auch eigentlich überhaupt keine Lust, jetzt damit aufzuhören. Und er wusste: Wenn seine Mutter so rief, bedeutete es genau das!

„Flooooorian!“, rief sie noch einmal, „sitzt du auf deinen Ohren?“

„Entschuldige, Mama, ich habe dich erst beim zweiten Mal gehört!“, sagte Florian mit unschuldigem Blick, als seine Mutter schließlich vor ihm stand. „Du Lausebengel“, drohte sie ihm lächelnd mit dem Finger. Irgendwie konnte sie ihm nicht böse sein. „Kannst du mir einen Gefallen tun?“, fragte sie Florian. „Muss ich ja sagen?“, fragte er. Da lachte seine Mutter laut auf. „Ja, du musst“, antwortete sie. „Ich muss nämlich auch – ins Dorf, um schnell noch die Uniform deines Vaters bei der Schneiderin abzuholen. Er braucht sie heute Abend zum Dienst.“ Florians Vater arbeitete für den römischen Kaiser und für seine Armee und genau das wollte Florian auch einmal tun, wenn er groß war. Seine Mutter riss ihn aus seinen Träumen von Uniformen und Rüstungen: „Kannst du bitte so lange auf Lucius aufpassen?“

Lucius war Florians kleiner Bruder – und so was von langweilig! Den ganzen Tag schlief er nur und dann brüllte er. Und dann das Ganze in umgekehrter Reihenfolge. „Schläft er denn oder brüllt er gerade?“, fragte Florian seine Mutter. „Er schläft, und wenn du ihn nicht wieder ärgerst und piekst und anpustest, tut er das auch, bis ich zurück bin“, sagte sie und strich Florian durch die Haare. „Na gut, ich bleib einfach hier und sperre die Ohren auf. Wenn er schreit, kann das sowieso kein Mensch überhören.“ „Aber nicht so wie eben, als ich dich gerufen habe“, mahnte ihn seine Mutter. „Drin steht ein bisschen Brei. Wenn er aufwacht, gibt ihm doch ein paar Löffel voll davon.“ „Ich bin doch kein Mädchen, das kleine Kinder füttert!“ Florian war empört. „Aber du willst, dass er aufhört zu schreien, oder?“, fragte seine Mutter mit einem hämischen Grinsen. „Schon gut“, gab sich Florian geschlagen. Dann sprang er auf, hielt sein noch ziemlich unfertiges Holzschwert feierlich vor die Brust und rief: „Im Namen des römischen Kaisers gelobe ich feierlich, auf meinen Bruder aufzupassen!“

„So ist recht“, schmunzelte seine Mutter. „Ich bin dann mal weg. Bis gleich!“ Und damit verschwand sie um die Hofecke.

Florian setzte sich wieder hin und bearbeitete sein Holzschwert mit dem Messer. Und nach zwei Minuten hatte er alles um sich herum vergessen. Im Kopf war er bei der letzten Schlacht der römischen Armee, von der sein Vater ihm erzählt hatte. „Wenn ich erst mal groß bin, werde ich Statthalter! Dann muss jeder tun, was ich will!“, dachte er gerade, als irgendetwas ihn davon ablenkte, wie toll er aussehen würde auf dem Thron, auf dem ein Statthalter saß. Da waren ein Zischen und ein Knistern, ein Fauchen und ein Knacken, das er irgendwo her kannte. Aber dann kehrte er zu seinem Thron zurück.

„Also, er wird golden sein, und ich werde einen von diesen tollen Lorbeerkränzen auf dem Kopf haben.“ Florian musste grinsen. Das würde witzig aussehen auf seinen roten Haaren.

Da war es wieder, das Knistern und Knacken und Zischen. Florian hörte ein bisschen genauer hin. Es war ihm, als würde ihm jemand etwas zuflüstern. Aber er verstand nicht, was. Er spitzte die Ohren und hörte noch genauer hin. „Vorsichchchcht! Heisssssssssssssssss“, meinte er jetzt zu hören. Da schaute er auf – und aus der Haustür quoll dicker schwarzer Rauch. Florian blieb vor Schreck fast das Herz stehen. Er sprang auf und rannte zur Hofecke. „Hilfe! Feuer! Schnell, kommt her und helft mir!“, brüllte er in die Gasse.

Dann rannte er zurück in den Hof. „Lucius!“, fiel es ihm siedend heiß ein, „er ist noch da drin!“ Und in diesem Moment hörte er auch schon das vertraute Schreien seines Bruders. Das Feuer war im Untergeschoss ausgebrochen und Lucius schlief im oberen Zimmer. Doch nun schlugen schon die Flammen aus der Tür – Florian würde es nicht schaffen, zu Lucius nach oben zu gelangen. Da hörte er wieder das Knacken und Knistern, das Fauchen und Zischen und die Stimmen, die darin steckten. „Wenn die Flammen mit mir reden können, dann kann ich vielleicht auch mit ihnen reden?“, dachte sich Florian. Und dann flüsterte er:

„Du Flamme und Zunge,
das Feuer ist dein,
hör mich armen Jungen,
und lass das Brennen sein.“

Florian hatte keine Ahnung, ob das Feuer gerne reimte, aber es war ihm so über die Lippen gekommen. Und wenn er genau hinschaute, hatte er wirklich das Gefühl, dass das Feuer kleiner geworden war. Daher flüsterte er seinen Reim immer wieder und immer weiter, bis die ersten Nachbarn in den Hof gestürmt kamen. „Los, wir müssen eine Kette mit Wassereimern organisieren!“, riefen sie. Aber irgendwie waren alle so kopflos, dass es ewig dauerte, bis sie sich aufgestellt hatten.

Florian redete weiter mit dem Feuer. Es wurde eindeutig kleiner und er wagte sich ein bisschen näher heran. Der Vater seines Freundes Lucill stand am Kopf der Wassereimerkette und jetzt direkt neben Florian. Da fiel Florians Blick plötzlich auf den kleinen Holzeimer, in dem seine Mutter heute Morgen das Geschirr abgewaschen hatte. Das Wasser war noch drin. Florian schnappte sich den Eimer und ging damit auf den Hauseingang zu. „Florian, komm wieder her!“, rief der Vater seines Freundes. „Mit so einem winzigen Eimer wirst du nichts ausrichten können und dir nur die Haare verbrennen. Warte, bis die Kette funktioniert, und lass mich das machen, ich bin schließlich schon erwachsen!“ Aber Florian war nicht mehr aufzuhalten. Er flüsterte weiter mit dem Feuer. Als er endlich mit dem kleinen Eimer so nah an der Eingangstür war, dass er das Wasser in die Flammen schleudern konnte, schwenkte er den Eimer, und während er das Wasser ausgoss, rief er: „Tu dich aus, Feuer!“ Das Wasser klatschte in den Hausflur – und das Feuer war aus.

Fassungslos stand der Vater seines Freundes da und schaute erst auf Florian, dann auf den winzigen Eimer in seiner Hand. Und weil er nicht „Stopp“ gerufen hatte, landete der erste Eimer der Löschkette jetzt auch noch auf seinen Füßen. „Wie hast du das gemacht?“, fragte er Florian. Aber Florian dachte an nichts anderes als seinen kleinen Bruder und stürmte ins Haus. Zwei Minuten später kam er mit versengten Haaren und einem rotgesichtigen schreienden Bündel aus dem Haus.

In diesem Moment bog seine Mutter atemlos um die Hofecke. „Florian! Lucius!“, rief sie und stürmte auf die beiden los. Sie nahm sie fest in den Arm und begann zu weinen – vor Erleichterung, dass ihnen nichts passiert war.

„Er hat mit DIESEM kleinen Eimer das Feuer gelöscht!“, erzählte der Vater seines Freundes gerade zum zwanzigsten Mal einem der Nachbarn. Florian drückte seinen schreienden Bruder seiner Mutter in den Arm und wusch sich das verrußte Gesicht. Er wusste, dass es nicht das Wasser gewesen war, sondern dass er mit den Flammen reden konnte – aber das wollte er lieber für sich behalten.

Später nahm ihn sein Freund Lucill mit zu den Christen, denen er jetzt angehörte. Hier entdeckte Florian voller Verwunderung, dass es ein Fest gab, an dem Gott in Feuerzungen erschienen war und mit den Freunden Jesu gesprochen hatte. Sie nannten es Pfingsten. Florian fand diesen Jesus, an den sie glaubten, klasse. Und er merkte, dass er vielleicht ein paar von diesen Feuerzungen abbekommen hatte, denn wenn er anderen von Jesus und den Christen erzählte, waren sie Feuer und Flamme dafür und wollten unbedingt auch dazugehören.

In der römischen Armee nahm man ihm das später ganz schön krumm. Irgendwann hatte es tatsächlich geschafft, Statthalter einer römischen Provinz zu werden (jedenfalls fast, er war der Amtsvorsteher des Statthalters). Aber als sie erfuhren, dass er Christ geworden war, wurde er aus dem Dienst gejagt. „Egal, der Lorbeerkranz hätte mir sowieso nicht gestanden“, dachte Florian und musste über sich selbst schmunzeln.

Namenstag:
4. Mai

Katharina lernt, warum Menschen Freunde brauchen

Katharina war eine Prinzessin und nicht nur wunderschön, sondern auch noch sehr schlau dazu. Und beides wusste sie. Das machte ihr Leben nicht gerade einfach – und das ihrer Mitmenschen auch nicht. Wenn jemand mit ihr spielen wollte, sagte sie entweder: „Geh weg, du bist mir zu hässlich!“ oder „Geh weg, du bist mir zu dumm!“. Also konnte sie eigentlich keiner leiden und sie war meistens ziemlich einsam.

Als sie älter wurde, sagte sie genau dasselbe zu den Männern, die an den Hof ihres Vaters kamen und sie heiraten wollten. Und bei manchen fügte sie noch hinzu: „Geh weg, du bist mir viel zu arm.“

Doch eines Tages traf sie einen alten Mann, der als Einsiedler vor der Stadt lebte. Da er sie weder heiraten wollte noch ihr Freund sein, sah sie ihn neugierig an. Der schaute zurück – und Katharina hatte das Gefühl, dass er ihr durch die Augen und den Bauch direkt ins Herz schaute. Sie bekam eine Gänsehaut.
„Du bist hochmütig, meine Tochter", sagte der alte Mann leise.
„Hochmut macht einsam – und irgendwann unglücklich."
Da musste Katharina weinen, denn genau so fühlte sie sich: hochmütig und einsam.

„Aber was soll ich nur tun?", fragte Katharina ihn und putzte ihre Nase. „Komm mit mir", sagte er, „ich erzähle dir von einem Menschen, der auch schön und schlau war. Aber er hat daraus etwas ganz anderes gemacht." Katharina wurde neugierig.
„Echt?", fragte sie, „wie hieß denn dieser Jemand?" „Jesus", sagte der Einsiedler und lächelte. „Und er war auch reich – wenn er das auch ein bisschen anders verstanden hat als du. Geld hatte er nämlich keins. Aber dafür besaß er andere Dinge: Mut und ein großes Herz und Liebe und er konnte Menschen gesund machen. Und weißt du, was er mit all seinem Reichtum getan hat? Er hat ihn verschenkt."

Katharina hatte ihm aufmerksam zugehört. „Erzähl mir noch mehr von diesem Jesus!", bat sie den Alten. „Heute nicht", sagte der, drehte sich um und machte sich auf den Heimweg.
„He, du", rief Katharina ihm nach, „wann denn dann?" „ Morgen", antwortete der, „komm morgen wieder um die gleiche Zeit her und ich erzähle dir mehr." Von diesem Tag an war Katharina jeden Tag zur Stelle und hörte dem Alten zu, was er ihr von Jesus erzählen wollte. Sie konnte gar nicht genug bekommen davon. Und ganz allmählich wurde aus der schönen, schlauen und hochnäsigen Katharina eine freundliche Frau, die anderen Menschen half, wo sie konnte.

Nach einem Jahr ließ sie sich von dem alten Mann sogar taufen. „Jetzt gehörst du ganz zu Jesus“, sagte er und strahlte vor Freude.

Freunde zu finden fiel Katharina noch immer schwer. Die Menschen, die sie von früher kannten, wollten nichts mit ihr zu tun haben. „Die spielt doch nur Theater, weil sie so einsam ist“, sagten sie hinter ihrem Rücken. „Darauf habe ich keine Lust. Ich will nicht, dass sie heimlich über mich lacht, nur weil ich nicht so schlau bin wie sie.“

„Dann geh ich eben woanders hin, wo mich noch keiner kennt“, sagte sich Katharina. „Die wissen ja nicht, wie ich früher war, und werden mir glauben, dass ich einfach nur gerne Freunde hätte.“ Also machte sie sich auf den Weg nach Alexandria. „So eine große Stadt“, überlegte sie, „da muss es Menschen geben, die mich so mögen, wie ich bin.“

Als sie dort ankam, gab es gerade einen großen Triumphzug durch die Stadt: Kaiser Maxentius hatte mal wieder irgendein Land erobert und zog jetzt mit allem, was er da erbeutet hatte, durch die Straßen. Und die Leute mussten ihm auch noch Beifall klatschen. Ganz am Ende des Umzugs gingen viele Menschen, die an den Armen und Beinen aneinandergefesselt waren.

Der Kaiser hatte sie mitgebracht und wollte sie nun als seine Sklaven für sich arbeiten lassen. Aber damit ließ er es nicht gut sein. Die armen Menschen sollten auch noch vor seinem Thron niederknien und ihn anbeten. Denn in Rom glaubte man, dass der Kaiser nicht nur ein Mensch ist, sondern auch schon ein Gott.

„O Maxentius“, sagte einer der Gefesselten, „wir werden alles tun, was du uns sagst – nur anbeten werden wir dich nicht. Wir glauben, dass es nur einen einzigen Gott gibt. Er heißt: Ich-bin-der-ich-bin-da. Und nur ihn beten wir an.“ Katharina spitzte die Ohren. Das kannte sie! Das war bei den Christen auch so. „Es ist mir egal, wie euer Gott heißt“, fuhr Maxentius den Mann an, „ab jetzt bin ich dein Gott. Los, knie nieder!“ „Das kann ich nicht, o Kaiser“, antwortete der Mann mit zitternder Stimme. „Ich folge Jesus nach in meinem Leben, und wie er beuge ich die Knie nur vor dem einen Gott.“ „Tja“, sagte Maxentius und schaute gelangweilt auf seine Fingernägel, „dann wirst du und werden deine Leute jetzt für diesen einen Gott sterben.“

Da hielt es Katharina nicht mehr aus. „Halt!“, rief sie aus der Menge heraus. „Lasst diese Menschen in Ruhe!“ Maxentius ließ den Zug anhalten. Dann stieg er aus seiner Sänfte und baute sich vor Katharina auf. „Du, eine Frau, willst mir als römischem Kaiser sagen, was ich zu tun habe? Wenn du nicht auf der Stelle sterben willst, solltest du eine gute Ausrede haben, Mädchen!“, brüllte er Katharina an. Doch auch wenn Katharina nicht mehr hochmütig und eingebildet war: Wenn ihr einer so kam, dann konnte sie das auch! Furchtlos und ohne mit der Wimper zu zucken schaute sie dem Kaiser in die Augen. „Euer Glaube ist menschenverachtend, Maxentius. Diese Menschen dort sind Christen. Sie leben so, dass keiner leiden muss in ihrer Gemeinschaft. Sie passen aufeinander auf und sind freundlich zu jedermann. Ihr Vorbild ist Jesus von Nazaret. Ich möchte, dass Ihr, o Kaiser, ihn kennenlernt.“ „Ich aber nicht“, antwortete der Kaiser, „und jetzt gesell dich zu deinen Christen, ihr werdet gemeinsam sterben.“ Doch Katharina gab nicht auf. „Gebt mir zwei Stunden Zeit und hört mir zu. Ich erzähle euch von Jesus von Nazaret und von den Christen. Wenn ich Euch dann nicht überzeugt habe, werde ich mit den anderen in den Tod gehen.“ Maxentius sah Katharina von oben bis unten an. Dann überlegte er: „Hm, eine so schöne Frau ist, wenn man sie einen Kopf kürzer macht, ziemlich uninteressant. Was soll’s, ich habe ja nichts zu verlieren.“ Und laut sagte er: „Na gut: Morgen früh sollst du zwei Stunden mit den besten Philosophen und Wissenschaftlern meines Hofes diskutieren. Wenn du sie überzeugst, seid ihr alle frei.“ Und heimlich dachte er: „Und dann wirst du meine Frau, ob du willst oder nicht!“

Die gefesselten Menschen jubelten und schlossen Katharina in ihre Arme, so gut das ging. Katharina aber ging mit ihnen, und gemeinsam verbrachten sie die Nacht vor der großen Entscheidung im Kerker des Kaiserpalastes. Am nächsten Morgen wurde

Katharina auf den Hofplatz geführt. Eine riesige Menschenmenge hatte sich versammelt. Die gefangenen Christen wurden ebenfalls aus dem Kerker geholt und durften zuhören. Auch der Kaiser war gekommen. Er wollte sehen, wie Katharina sich schlagen würde. Plötzlich sah sie sich fünfzig Männern gegenüber, die sie alle skeptisch ansahen oder mild und überlegen lächelten.

Aber Katharina wusste, was sie kann. Ehe einer der Männer auch nur Luft holen konnte, begann sie zu erzählen: Wie Jesus gelebt hatte, was er von seinem Vater im Himmel erzählt und wie er die Menschen geheilt hatte. Dass er alles verschenkte, was er hatte, dass er die Menschen liebte wie kein anderer und

jeden Einzelnen angesehen hatte. Wie er gestorben und auferstanden war und dass die Christen versuchten, genauso zu leben wie er und damit Liebe und Frieden in die Welt brachten. Waren die Männer am Anfang noch empört gewesen, dass sie gar nicht zu Wort kamen, hörten sie mit der Zeit immer aufmerksamer zu, bis sie gar nichts mehr anderes hörten und sahen als Katharina und ihre Geschichte von Jesus. Als sie nach zwei Stunden mit ihrer Rede am Ende war, herrschte erst einmal große Stille. Alle hielten den Atem an. Dann sahen sich die Gelehrten an, einer nach dem anderen, und sie begannen zu klatschen. Katharina war ganz außer Puste von ihrer Rede, aber jetzt wurde sie doch ein bisschen rot. „Danke“, flüsterte sie nur.
Der Kaiser konnte es nicht fassen! Was taten sie da, seine besten Köpfe? Einer seiner Philosophen trat nun hervor und sagte zum Kaiser: „O Maxentius, wir sind zu dem Schluss gekommen, dass Katharina recht hat: Die Christen verdienen den Tod nicht. Ganz im Gegenteil: Sie sollten noch viel mehr Menschen auf der Welt von diesem Jesus erzählen. Katharina hat uns überzeugt:
Wir werden uns alle taufen lassen!“

Da sprang Maxentius von seinem Thron auf, raufte sich die Haare und hüpfte herum wie Rumpelstilzchen. „Ich habe genug!“, rief er, „ihr werdet alle sterben! Die Christen und diese komischen Hofnarren, die sich Gelehrte schimpfen! Und du, Frollein“, und damit zeigte er auf Katharina, „hast noch genau eine Chance: Werde meine Frau und du bist gerettet!“ Und bei sich dachte er: „Was für ein Teufelsweib! Wenn sie erst meine Frau ist, wird sie den Schnabel halten, dafür werde ich persönlich sorgen! Wo kommen wir denn hin, wenn die Frauen den Männern die Show stehlen!“

Doch das wäre das Allerletzte gewesen, was Katharina tun würde. Sie hatte in der einen Nacht im Kerker so viele Freunde gewonnen, wie sie in ihrem ganzen Leben noch nie hatte.
Und die würde sie sicher niemals verraten. „Nein, o Maxentius, ich will das Schicksal mit meinen Freunden teilen und Jesus nicht verraten. Wenn wir sonst nichts mehr zu verschenken haben, geben wir als Christen eben unser Leben her.“ Und damit ließ sie sich mit den gefangenen Christen und den fünfzig Gelehrten töten. Und manche, die dabei waren, haben gesehen, dass Engel kamen, als Katharina starb. Sie nahmen ihren Körper und trugen ihn weit weg in das Land, in dem Jesus gelebt hatte.

Namenstag:
25. November